From
Angelica and Douglas
London, 9-12-94.

Achille Occhetto

Il sentimento
e la ragione

**Un'intervista di
Teresa Bartoli**

Rizzoli

Proprietà letteraria riservata
© *1994 R.C.S. Libri & Grandi Opere S.p.A., Milano*

ISBN 88-17-84373-3

Prima edizione: settembre 1994

Seconda edizione: settembre 1994

PREFAZIONE

Quando, era il 13 giugno, Achille Occhetto ha dato l'annuncio delle dimissioni, Walter Veltroni ha scritto sull'«Unità» che «gli anni della sua segreteria, a rivederli ora, fanno venire il mal di mare per quanto le onde sono state alte e la navigazione difficile». La traversata è durata quasi sei anni ed è entrata subito nella tempesta. Non per un accidente della storia ma perché un bel giorno – il 12 novembre dell'89, manco a dirlo – il capitano ha puntato la barra del timone dritta verso l'occhio del ciclone. Riuscendo ad attraversarlo e a portare la sua nave sana e salva in porto, ma perdendone il comando.

Non è un caso se questa storia si apre e si chiude con due scelte fatte d'istinto, senza la rete di protezione del ripensamento, sicuramente senza il freno del calcolo personale: l'annuncio della svolta, alla Bolognina, e l'uscita di scena dopo le elezioni europee. La prima ha dato ad Occhetto certamente un posto nella storia e l'esaltazione di momenti irripetibili ma ha anche reso la sua vita «di una durezza incredibile». La seconda gli ha fatto toccare con mano quanto la politica «possa essere spietata».

Il personaggio e la sua vicenda sono forse tutti lì, in quell'intreccio di intelligenza e passione, di razionalità e generosità di se stesso. È quella miscela – rara nella politica italiana abituata a vivere di mosse misurate col bilancino del ripensamento e del tornaconto privato – che spiega il percorso pubblico e la parabola umana di un segretario atipico per ogni partito, figuriamoci per il Pci diventato Pds. Ed è lì anche la spiegazione del paradosso di un segretario che si è dato l'obiettivo di laicizzare il suo partito per poi ritrovarsi «capo» amato e acclamato sulle piazze dal «popolo di sinistra» ma corpo estraneo in una buona parte del gruppo dirigente che non lo ha più sostenuto non appena le circostanze esterne – la vittoria della destra – hanno dato la sponda alla pressione interna.

È stato così per tutti questi anni. Da una parte una direzione politica vissuta sapendo che in qualsiasi momento potevano saldarsi in una nuova maggioranza – quella che alla fine si è effettivamente realizzata per determinare la successione – chi si oppose alla svolta e chi l'ha vissuta nella sua versione minimalista, frenandone la spinta propulsiva. Dall'altra il conforto dell'incontro con la gente che, in un Paese certo non avaro di campagne elettorali, gli restituiva di giorno in giorno, col suo calore, la carica per andare avanti. Gli bastava uscire dall'ovattato silenzio di una macchina blindata per ritrovare il sorriso e l'ottimismo, sospinto e trascinato sulle piazze di tutta Italia dalle mille mani di una folla che lo ha sempre incoraggiato ad andare avanti. Un contrasto stridente, vissuto da Occhetto come ingiusto se non umiliante, che è stato ben rappresentato dalla gelida accoglienza al Consiglio nazionale – probabilmente frutto di giochi già fatti e di un certo conseguente senso di colpa e di imbarazzo – che ha eletto il suo successore mentre ancora i fax di Botteghe oscure ricevevano migliaia di attestati di affetto, stima e ringraziamento, di inviti a «non mollare».

Quel conflitto palese è diventato insanabile nel momento della sconfitta. Già con le elezioni politiche era chiaro che l'epilogo si avvicinava. E le europee non sono state altro che una controprova. È stato tra i due appuntamenti elettorali che con Occhetto abbiamo cominciato a parlare di un libro-intervista che ripercorresse i cinque anni della svolta che ho seguito, passo a passo, per «Il Mattino». E, di discussione in discussione, è saltato fuori dal cassetto il diario di quegli anni. Atipico come il suo autore, visto che non può essere certo definito un diario in senso stretto. Non ci sono date, emblematici i luoghi, essenziale la ricostruzione storica e politica: è un intreccio tra il sentimento e la ragione che hanno prodotto i passaggi fondamentali della sua segreteria; sono le Note di viaggio delle passioni e del dolore ma anche dell'ironia ed autoironia che li hanno accompagnati. E rivelano un personaggio inedito al grande pubblico che lo conosce solo per l'immagine del politico a tutto tondo rimandata dai mass media; un uomo curioso del mondo, attento lettore, buon narratore. Le Note di viaggio non erano state scritte per la pubblicazione e non è stato facile convincere Occhetto a pubblicarle. Alla fine quel testo è diventato la «fonte» di molte domande per l'intervista e i due testi, insieme, spero rendano fedelmente conto di una vicenda politica ed umana, di un personaggio che, a dispetto di ogni attesa e di quel che è successo, ha deciso di raccontare – come dice nell'intervista – la sua verità. Una verità che può essere o non essere condivisa, ma che non vive della ricerca di vendette personali o polemiche spicciole. La polemica c'è ed anche diretta. Ma serena, fondata sulla ricostruzione delle radici culturali, dei fatti politici e delle suggestioni teoriche della scelta che ha prodotto il Pds. Ma non è un libro retrospettivo: la rilettura del passato serve ad immaginare il futuro e l'ultimo capitolo regala molte sorprese ed una nuova prospettiva.

TERESA BARTOLI

P.s. Questo libro è stato realizzato a tempo di record anche per l'aiuto e la comprensione di diverse persone. Voglio ringraziare per l'aiuto prezioso mio marito, Gregorio Catalano, e Giorgio e Marta ai quali l'intervista è dedicata. Grazie anche, per la loro collaborazione e «complicità», a Stefania Fredda, Giancarlo Farini e Mario Iachini.

Il sentimento e la ragione

«La vita va capita all'indietro,
ma vissuta in avanti.»

SÖREN KIERKEGAARD

NOTE DI VIAGGIO

di Achille Occhetto

La Nube: «La tua sorte è segnata. Non si
sollevano impunemente gli occhi a una dea».

Issione: «Nemmeno a quella della quercia,
la signora delle cime?».

CESARE PAVESE, *Dialoghi con Leucò*

Disposi sulla tavolozza di carta bianca le foglie raccolte nella macchia maremmana. Mi apparve così l'incredibile varietà di colori, le sfumature dei verdi, dal tenero pisello delle foglie di acacia e delle ricamate felci, dal verde argento dell'ulivo selvatico, del pioppo e del pruno, fino al rosseggiare dell'acero e delle sfrangiate foglie della quercia, per sprofondare nelle ombrosità cupe del verde foncé dei lecci e dei mirti. E poi i rosmarini, i ginepri, le rosse bacche che alleggeriscono il verde intenso del pungitopo. L'edera trionfava nelle sue forme capricciose e diverse, rincorsa dalla foglia screziata del gelsomino.

La borragine fritta di Luciana è il trionfo prelibato della foglia.

La maratona è entrata a Central Park. Davanti ai grattacieli della Settima strada sta vincendo un elegante atleta della Tanzania, flessibile come un pioppo. Ora le foglie di Central Park sono sulla mia tavolozza, occhieggiano nella cara Maremma, mentre altre borragini verde bottiglia finiscono nella mia bocca.

Arriva Sergio Spina, come al solito con una settimana e ventiquattr'ore di ritardo sull'appuntamento. In testa un cappellaccio di cuoio a larghe falde, comprato a Sing Sing, riempie il passaggio che separa l'ingresso dalla cucina. Sembra che sia lì da molto tempo. Comincia a parlare velocissimo dell'ultima cosa vista, dell'ultimo evento apparso all'orizzonte delle vicende domestiche. Aureliana per prima si accorge della sua presenza, perché lui si mette a saltellare, come morso dalla tarantola, e parla con suo figlio che in quel momento attraversa correndo il ponte di Brooklyn: sul teleschermo è solo un puntino immaginario nella fiumana variopinta e multietnica che scorre come un immenso fiume. Quel ponte aveva superato l'oceano e, attraverso la macchia maremmana, era entrato in casa nostra.

Novembre '89, l'attesa.

Il vento strepita fuori delle finestre oscurate dall'imbrunire della sera. Il reclinarsi delle cime ormai quasi spoglie delle acacie ritma l'onda di una impalpabile angoscia. Ma, a poco a poco, quel soffio furente lascia il posto alla quiete. Una nuova calma si infonde in me.

La notte trascorre tranquilla, il mattino è salutato da un'aria fresca e limpida. Verso il pomeriggio, il gioco delle foglie sulla bianca parete assolata evoca un tremolio di scaglie dorate di fiume. Sull'altra riva del grande mare ci aspetta qualcosa di sconosciuto. Occorre comunque attendere: nessun frutto getta la scorza prima del tempo. Sì, occorre saper attendere: il giorno dà il fiore, l'anno il frutto. La vittoria di oggi sarà domani la loro sconfitta.

Contrappunti dell'anima.

La consuetudine a pigiare il tabacco nel fornello della pipa gli aveva annerito l'indice e il pollice della mano destra, che serrava con disinvoltura uno degli esemplari della sua magnifica collezione.

Sedeva alla scrivania dello studio. Tutto ciò che lo circondava sembrava emanare un sapore di quiete e quel senso ancora incerto di benessere che emerge da profondità sconosciute e reca con sé una sensazione di sicurezza. Ma l'ape della mestizia, improvvisamente, attraversò la tenera coltre di fumo che avvolgeva la sua coscienza, penetrò in luoghi nascosti, pungendo ancora una volta il suo cuore.

Era il momento della decisione, l'anticamera dell'azione. Come dice bene Paolo Maurensig, nella *Variante di Lüneburg*, ogni scelta implica di per sé l'abbandono di tutte le alternative. Se non fossimo costretti a scegliere, saremmo immortali.

Ma ancora una volta, l'abbagliante squallore del sole basso del mattino ferì gli occhi dell'insonne che sa come gelide albe rechino il brivido di attese dolorose e di prove importanti. Così, dopo i pallori del mattino, finalmente si riaccendono i colori, tutto si rianima fino all'assolata e intensa febbre del mezzogiorno. Poi il tiepido, sognante tramonto si confonde con la quiete di misteriosi appuntamenti, la certezza di importanti decisioni.

Un nuovo inizio.

È caduto un muro, un solo muro. Una carta, una sola carta è stata sfilata dal castello e tutto l'edificio è crollato. Nulla rimarrà più come prima. A Est e a Ovest.

Sento che l'attesa pigra, sconsolata e sognante che si attardava nel sentimento dell'abbandono del tramonto, ora può raccogliere improvvisamente tutte le energie, può radunare tutte le forze creatrici della disperazione, della volontà e della speranza attorno ad un nuovo inizio.

Solo un comunista autentico può rivoluzionare tutto. Può strappare le radici dal profondo delle viscere per rimanere fedele a se stesso, per continuare a rispondere a chi e a che cosa crede di dover rappresentare.

Prima un grande dolore. Niente di quello che mi circonda può rimanere a lungo al suo posto. Eppure, come Ulisse, sento lacerante il continuo strappo tra l'entusiasmo della magnifica avventura e il sentimento riposante dell'eterno ritorno.

Il cielo si è oscurato. I dardi della polemica hanno coperto il sole. Sotto i nembi della tempesta c'è di tutto: la bellezza tersa delle idee, il disincanto di chi si sente tradito dalle antiche convinzioni, la paura di un nuovo che è frutto del coraggio ma figlio della sconfitta, l'orgoglio di aver tratto dal crollo, da un cumulo di macerie le ragioni della rinascita e, insieme a tutto questo, il tornaconto personale, l'odio che promana da passioni meschine.

«Ma per chi mi vuole male e mi stanca questo cuore con cui vivo, né cardi né ortiche coltivo, coltivo una rosa bianca.» In questo Natale insonne, tra abeti carichi di neve, Aureliana cerca di insegnarmi a cantare. Sono andato a cercare, nella casa di Gioia e Paolo sotto il Rosengarten, il ricordo delle immagini di un'infanzia montanara. Ri-

torna il sapore paterno degli alpini, dei partigiani, di canti lontani di guerra di popolo. E incomincio a convivere con l'angoscia.

È stato difficile fuggire a uno sbagliato senso di colpa. Quel senso di colpa che è indotto dall'idea di aver compiuto un delitto nei confronti del patto di convivenza comunemente condiviso e accettato: la sensazione pungente di avere con la propria decisione giusta e dolorosa, come la scelta colpevole di una felicità dissacrante, suscitato l'altrui delusione. Temevo sopra ogni cosa il rimprovero onesto suscitato dallo smarrimento, dall'essere stati strappati dalle beate certezze, da qualcosa di consueto e codificato.

Mi accorsi presto che l'onesto rimprovero dei lavoratori era quello più di ogni altro destinato a trasformarsi in attenta comprensione. Purché la ricerca di una cosa e di un nome nuovo non ci avesse lasciati in balia di una deriva di rinunce e di cedimenti.

Avevo chiesto al partigiano che mi aveva pregato di partecipare, facendo una improvvisata, alla manifestazione della Bolognina: «Se vengo alla celebrazione dell'anniversario della battaglia di Porta Lame, non ti sconvolge il fatto che ti dirò che, per salvare il vostro passato, bisogna ritrovare il coraggio di un tempo, cambiare tutto e, se occorre, anche il nome?». Lui rispose: «È giusto farlo. Tanto ciò che significa quel nome lo porteremo sempre qui, con noi». E si batté il cuore col pugno chiuso.

La cosa e il nome.

Così incomincia la grande avventura della cosa e del nome, la ricerca corale di un significato, il coraggio tutto evangelico del ritorno alle origini attraverso una mutazione radicale. «Oltre» le parole comunismo e socialismo significava non già annullamento, cancellazione. Era il ritorno trionfale dell'*Aufhebung*: togliere per superare, conservando e, se possibile, riabilitando la verità che si celava dietro quei suoni, il senso di quelle parole.

modernity

Più tardi mi sono ricordato che, nel preludio d'autunno delle feste dei morti, quando desolato raccoglievo le foglie per il mio erbario, su quella tavolozza avevo deposto la ghianda... di una Quercia.

Da quando i Mostri di Giulio Romano si sono trasfigurati nella svolta della Bolognina, ho sentito ripiombare il clima della guerra: un grande senso di disordine, l'attesa – sospesa tra speranza e timore dell'incognito – dell'inizio del nuovo e insieme la provvisorietà di ogni atto, di ogni abitudine. È come in casa durante un trasloco: ovunque cartoni, casse, bauli polverosi, lampadari scrostati, dimenticati in un angolo. E bisogna scegliere che cosa gettare e che cosa conservare.

La verità, a volte, si accompagna alla colpa della dissacrazione. In quel momento tu sei anche coloro che ti combattono, perché tra loro c'è una parte di te stesso.

La sofferenza, quella più profonda e lacerante, viene sentita soprattutto da chi reca con sé l'innovazione rompendo con il passato: questo mi sono sentito dire dal cardinale sotto l'alta porta rinascimentale del Vicariato di Roma. La sofferenza dell'innovazione del Concilio suggeriva così, senza che fosse stata richiesta, una sollecita e caritatevole parola di conforto.

Non ho mai capito come, in mezzo a tanti richiami di morte, siamo riusciti a far prevalere la vita. Mi stupisco ancora dell'ostinazione orgogliosa con la quale abbiamo fronteggiato uomini e idee di un passato in gran parte glorioso. Una cosa è certa: sentivo che con noi militavano la verità interna di quel passato e il coraggio dell'innovazione.

Soprattutto lo sdegno per l'inganno conosciuto e combattuto ma mai radicalmente superato, che aveva trascinato nella sconfitta l'idea stessa di liberazione umana.

Lasciavamo così la vecchia riva del fiume ma non per approdare sulla sponda opposta. Non ci presentavamo come il figliol prodigo pentiti e sconvolti davanti alla porta del padre. Volevamo andare oltre. Per questo cominciarono ad odiarci coloro che nei primi giorni ci avevano applaudito. Noi li avevamo avvertiti in tempo: la campana del nuovo inizio avrebbe suonato per tutti.

Comunque dovevamo andare avanti. Ciò che non appariva subito sarebbe apparso dopo, il germe fecondo dell'incontro, della contaminazione, della costituente sarebbe stato coltivato da milioni di mani e allevato dalla terra. Nostro compito era quello di piantare la prima ghianda.

Avevamo osato troppo? No, trattandosi della Quercia, come dice La Nube dei *Dialoghi con Leucò* di Pavese.

La Nube: «La tua sorte è segnata. Non si sollevano impunemente gli occhi a una dea».

Issione: «Nemmeno a quella della quercia, la signora delle cime?».

La Nube: «L'una o l'altra, Issione, non importa. Ma non temere. Starò con te fino alla fine».

L'innovazione e la tradizione si rincorrono. Si comincia dal significato delle parole. Si sente il bisogno irresistibile di aggrapparsi ad alcune certezze, sotto forma di parole. Come il Berzejev di Roth, che aveva già detto ai soldati cento volte le stesse parole, già cento volte aveva scritto le stesse cose sui volantini.

«E ogni volta scopriva che esistevano determinate parole che non si logoravano mai e somigliavano un po' alle campane, che producono sempre il vecchio suono ma pur sempre un brivido nuovo, così alte e irraggiungibili, come sono, sopra la testa degli uomini. Esistevano suoni che non erano stati formati da lingue umane ma che ignoti venti portavano con sé da sfere ultraterrene nel bel mezzo di migliaia di parole della lingua terrena. C'era la parola "libertà", una parola incommensurabile come il cielo, irraggiungibile da mano umana, come un astro. Eppure creata dalla brama degli uomini, che hanno sempre e sempre cercato di afferrarla e intrisa di sangue vermiglio di milioni di morti. Quante volte aveva ripetuto la frase: noi vogliamo un mondo nuovo! E sempre non era meno nuova di ciò che esprimeva. E, sempre, di nuovo essa cadeva come una luce improvvisa su un paesaggio lontano. C'era la parola "popolo". Se la pronunciava davanti ai soldati, davanti a quei marinai e contadini e braccianti e operai che egli considerava popolo, aveva la sensazione di reggere davanti a una luce uno specchio che la rafforzasse.»

La svolta poteva anche essere sconfitta. Nulla ci diceva che l'assalto al cielo poteva riuscire vittorioso. Allora pensai a quale avrebbe potuto essere il mio saluto, il messaggio dell'addio. Lo trovai nelle parole di Goethe «a varie persone»:

Chi conosce se stesso? Le proprie forze?
Non ha affrontato mai rischi l'audace?
Ciò che tu fai, sarà solo il domani
a dire se fu un bene oppure un danno...
E se cantai, imprudente, coraggio e libertà,
schiettezza e libertà incondizionate,
l'orgoglio di ciò che si è e il sincero benessere,
m'ebbi il pregiato favore della gente.
Ma, ahimè, un dio mi ha negato l'arte,
la povera arte di agire per calcolo.
Ora sto qui innalzato e abbattuto,
innocente e punito, innocente e premiato.

Sicuramente nei momenti più difficili «m'ebbi il pregiato favore della gente». In questo senso, molto modesto, mi potevo comunque sentire «innocente e premiato»... benché punito. Solo la mancanza della «povera arte di agire per calcolo» mi faceva sentire l'ostilità, per me ingenerosa, di certi apparati e di chi voleva rappresentarli. Tuttavia mi inorgogliva quell'«innalzato e abbattuto».

Invece a Bologna la maggioranza approva la svolta. La società italiana assiste con autentica passione a quel momento di magica tensione. Persino Craxi sembra ammaliato da quella inaspettata vitalità: un popolo di gnomi – come ci avrebbe definito il presidente Cossiga nelle sue esternazioni – si era messo in movimento. La sfida con Ingrao era stata alta, le passioni avevano cozzato come onde impetuose sulla platea entusiasta. Alla vigilia della replica, in pochi avevano creduto che sarei riuscito ad accettare con dignità la sfida. Le mie ultime parole, ferme e serene, sibilarono dunque come frustate che invitavano al galoppo. Infine l'entusiasmo, l'applauso liberatorio. E poi l'abbraccio con Natta e Ingrao.

Il pianto. Fui sopraffatto da un'onda di commozione, di liberazione... la liberazione di chi era stato educato al centralismo democratico e aveva vissuto come lacerazione interiore, come un peccato necessario ma insano, lo scontro tra parti contrapposte. E soprattutto la commozione che era figlia della sensazione, rivelatasi falsa, della fine di quel tipo di scontro. La fine onesta, meritata, sancita da una scelta democratica. L'antica malattia dell'alterigia giacobina avrebbe invece offuscato, nell'inutile tentativo di capovolgere i dati della realtà, quella che avrebbe potuto diventare una risorsa comune. Incominciava così la lunga serie delle vittorie amare.

Occorreva solo saper coprire la sofferenza con l'ironia. E proseguire con sufficiente determinazione.

Il pantano di una avvilente guerra di trincea ci fa perdere, per un periodo, l'abbrivio verso la società. Nei partiti come negli Stati, anche chi si oppone determina il possibile segno negativo degli eventi. L'avevo detto fin dal primo giorno: il successo dell'impresa dipende anche dall'atteggiamento dell'opposizione.

In quel desolante pantano emerge comunque, indelebile, un grande momento di passione collettiva: il giorno di presentazione della Dichiarazione di Intenti e del simbolo. Quella conferenza stampa aveva su di sé lo sguardo e le speranze dell'Italia. I giornalisti, i fotografi, i cameramen, si affollavano a centinaia, reclamavano che alzassi quel simbolo in tutte le direzioni. E subito, in ogni angolo del Paese, fu visto, scoppiò l'entusiasmo nelle sezioni. Applaudivano anche coloro che si erano opposti. Sì, erano compagni semplici, che si «accontentavano» di vedere sotto la Quercia il loro vecchio simbolo. Ma erano poi così semplici? O non c'era in questo la semplicità dei geni, che è cosa diversa dalla complessità di un intellettualismo ermetico, arido, estenuante?

Tutti i semplici allora, in Italia, erano felici. Anche quelli lontani dal nostro partito. Tutti i semplici capirono la forza di quel messaggio, capirono che tutti potevano cominciare a cambiare qualcosa.

Ma ci fu subito chi si premurò di telefonare dal centro per dire che quel simbolo, sotto la Quercia, non l'aveva visto... e che la lotta continuava accanita come prima.

Proseguiva così la lunga navigazione attraverso l'oceano.

Non si vede l'altra sponda. A bordo c'è chi spera nel naufragio, c'è chi comincia a non fidarsi più del capitano, c'è chi lo vorrebbe buttare a mare. C'è anche chi ci chiede di portare la nave sulle sponde infide cui era approdato il socialismo italiano. Di fronte alle difficoltà, tutti cercavano di sembrare i più intelligenti, i più illuminati, i più lungimiranti. La svolta ha perso la spinta propulsiva, gridavano alcuni. La svolta rimane invece per molti, per moltissimi, un segno di speranza. Il tormento che porto dentro avrà un costante contrappunto, quando passo in mezzo ai compagni, nell'incitamento che mi accompagnerà sempre, anche nei momenti più difficili: «Tieni duro! Vai avanti!».

Noi pensavamo, per attenta cognizione di causa, che non potevamo metterci d'accordo con Craxi. Non per settarismo antisocialista ma perché temevamo il connubio mortale con un sistema spartitorio e rampante, che faceva dello spregiudicato uso della politica per l'arricchimento personale e per l'accrescimento del proprio potere le pietre miliari della secolarizzazione, di una modernità incosciente, spensierata e arrogante. Respingevamo quel mondo, e per questo ci dicevano antioccidentali, massimalisti, incuranti della cultura di governo. Ce lo rinfacciavano gli stessi che poi, cavalcando con colpevole ritardo l'onda della questione morale, ci avrebbero di nuovo voluti crocefissi dalle grandi inchieste.

Arriviamo così al Congresso di Rimini, quello della fondazione del nuovo partito. Ci arriviamo con l'incubo di una scissione, con la voglia di andare avanti, avanti comunque. Contro tutti, assediati dai modernisti, corteggiati e respinti dalle vestali della civiltà occidentale, incalzati dagli estremisti, accerchiati da una guerra – quella del Golfo – che tutti, a destra e a sinistra, volevano usare per mimare il vecchio mondo. Tutti si ritrovarono per un momento ancora nell'antico mondo dei blocchi contrapposti, ritirarono fuori i vecchi elmetti, gonfiarono il petto, gli uni contro gli altri armati. E noi che eravamo già oltre il muro, oltre le sue macerie, noi che cercavamo di ragionare con nuove categorie, che dicevamo le stesse cose dei democratici americani, fummo guardati con distaccata superiorità. Un nuovo partito per andare nelle braccia di Craxi, gridavano da una parte. Un nuovo partito per andare con i pacifisti, rispondevano dall'altra. Che schifo!

Così siamo nati a nuova vita, come se fossimo stati abbandonati in un cesto davanti al portale gotico di Notre Dame. L'unica soddisfazione è che eravamo davvero circondati da una corte dei miracoli. Per questo mi ero permesso di gridare, rianimando il congresso: «Ma chi è Craxi?». Allora, cari nipotini, vi assicuro che faceva una certa impressione. Adesso che tutti gli asini del circondario hanno portato come obolo il loro calcio, molto di meno.

Il congresso, iniziato nel gelo dell'isolamento, accompagnato dal contrappunto della scissione, si era ancora una volta concluso nell'entusiasmo. Con quel «Ma chi è Craxi?» si ripartiva all'attacco. Sentivo che la tensione positiva attorno a me era di nuovo molto forte, anche se qualcuno era furente e dichiarava apertamente, come venni a sapere, che me l'avrebbe fatta pagare. Avevamo comunque vinto. Ma le fatiche della lunga traversata e le piccole defezioni, forse anche i voluti cedimenti di chi era già dentro un'altra logica, fecero abortire l'elezione del segretario. Il Pds era nato, l'impresa era riuscita ma continuava la serie delle vittorie amare. Attorno a me, durante lo spoglio, si insinuava un gelo sgomento. Avevo la maggioranza ma ormai, era evidente, mancava il quorum. Io dissi soltanto: domani il titolo sarà «Ma chi è Occhetto?» e partii.

Ancora in Maremma, dove le foglie non c'erano più. Solo il gelo di Rimini. L'erbario trasognato dell'attesa dell'89 era coperto di neve sporca. La macchia, per la prima volta da tempo immemorabile, era d'un verde nero, qua e là ricoperto di spruzzi bianchi che non recavano la quiete e la gioia delle grandi falde che poggiano calme sugli abeti delle Alpi. Qui la neve scendeva come un brivido. La casa era chiusa in una morsa di gelo squallido e innaturale. Non volevo tornare, sentivo l'angoscia del teatrino delle contrapposizioni, dello scontro cupo, dei fendenti incuranti della sorte del piccolo naviglio che doveva cercare di navigare. C'erano anche le centinaia di telegrammi e le indicibili manifestazioni di affetto. A quel grande calore umano avrebbe fatto da stridente contrappunto il clima obitoriale, in una sala obitoriale in cui suonavano parole obitoriali, che ha contrassegnato la mia elezione a segretario.

Incomincia il periodo più lungo e più difficile. Se nel corso di una interminabile navigazione non si vede terra, la situazione del capitano diventa scomoda.

Ora una nuova guerra.

Non più il bene e il male che si fronteggiano, non più eserciti di proletari e di imperialisti che si contrappongono, non più bandiere rosse al vento ed elmi uncinati. Non ci sono figli di lavoratori e di intellettuali che accorrono volontari da ogni angolo della terra. È la fine del Novecento: tutto il male accumulato in questo secolo, senza sapere perché, si è dato appuntamento in una parte remota del pianeta, tra dune di sabbia e odore acre di petrolio. Così, dopo tanto peregrinare, abbiamo trovato un deserto e l'abbiamo chiamato libertà.

Un colpo di stato nel Paese del socialismo. L'agosto si interrompe ancora tragicamente. Chi ha incominciato ad innovare, chi dopo decenni è riuscito a ridare un volto intelligente alla parola, ora è braccato da un ritardo senza tempo. Quella parola che solo qualche anno prima sarebbe stata accolta come il pane, ora non è più sufficiente. Ancora una volta si contrappone il pane all'intelligenza, rischiando di rimanere – come sempre – a digiuno di tutto. E così la violenza dei mediocri del recente passato e la furbizia prepotente dei nuovi zar si danno la mano.

Oggi è stata ammainata una bandiera rossa dal pennone più alto del mondo, dove, prima, tutti potevano guardarla con orgoglio e con terrore.

Ma noi, come in quel Natale davanti ai delitti della Romania, sentiamo di aver portato le nostre bandiere di protestanti rossi fuori della chiesa, nel cenacolo più intimo della coscienza e accanto agli umili che continuano a sperare in quello in cui hanno sempre sperato.

Ho rivisto Mikhail Gorbaciov a Berlino, ai funerali di Willy Brandt. La sala del Reichstag era austera, solenne. C'erano tutti i principali capi politici e di Stato del mondo. Ma Eltsin non c'era. E Gorbaciov – con accanto la moglie che aveva sul volto la stessa immagine dolorante di quando scese, avvolta in una coperta, la scaletta dell'aereo della finta libertà – era omaggiato da tutti. Era in prima fila, capo di Stato tra capi di

Stato. Alla fine della cerimonia ci abbracciammo calorosamente. Ormai eravamo diventati vecchi amici, c'era tra di noi una solidarietà istintiva. Nella differenza enorme dei percorsi, entrambi portavamo il segno di una esperienza di cui riconoscevamo alcuni appuntamenti come pietre miliari del secolo che stava per morire.

L'avevo visto, prima della svolta, in lunghi incontri nel corso dei quali ci sentivamo accomunati dai presagi intensi e febbrili del nuovo inizio e insieme dall'inquietudine di chi avverte che tutto sta per cambiare completamente. Quasi niente in lui mi ricordava il linguaggio e l'atteggiamento mentale dei sovietici. La lotta politica sarebbe diventata sempre più aperta, più dura e più difficile, mi disse subito. Nulla poteva essere dato per scontato.

Ero appena uscito da una porta, una di quelle porte eroiche, severe e terribili da cui erano passati le glorie e i delitti di una storia indimenticabile. Ero uscito da quella porta dopo un incontro ufficiale con il Politburo, nel corso del quale Ligaciov – il numero due, futuro nemico di Gorbaciov – mi aveva appena finito di dire, mentendo come Giuda, che erano tutti d'accordo sulla perestroika perché così voleva «il bene del popolo». Una volta entrato nella stanza di Gorbaciov mi accorsi come il modo di parlare e di pensare era già capovolto. Non c'era più nulla della vecchia ipocrisia del centralismo burocratico, riaffiorava il gusto schietto e anche rude per la verità. Finalmente ritornava qualcosa della vecchia intellighenzia russa.

Dopo ore di colloquio nella stanza del Cremlino, uscii sulla Piazza Rossa dove, a trenta gradi sotto zero, scendeva lentamente una neve pesante come la storia: avvertii, proprio vicino al mausoleo di Lenin, la stessa atmosfera sospesa e rarefatta delle grandi attese di eventi nuovi che emanava, carica di possibili e misteriose sorprese, da certe pagine di Čecov o di Tolstoj.

Risentii il profumo della Russia, delle letture della prima giovinezza, quando collegavo quelle intense attese della letteratura dei grandi e amati scrittori russi alla risposta rivoluzionaria che mi faceva ardere di passione.

Adesso sentivo un forte, irresistibile desiderio di caviale e di vodka, di cetrioli affumicati e di vino georgiano. Ma c'era già il proibizionismo.

Eccomi a Berlino, crocevia della nostra comune vicenda umana, degli orrori e dei trionfi, di percorsi che si separavano per poi tornare ad incrociarsi. La Berlino della caduta del muro che avrebbe cambiato il mondo e segnato anche la mia vita. La Berlino della forza evocativa dei simboli, dei segni ricorrenti. Il muro, la svolta e ora l'ingresso nell'Internazionale. Eravamo sul tetto del mondo, potevamo rivedere le alternative del nostro passato e intuire le scelte del futuro.

A questo pensavo passeggiando inebriato dal profumo dei viali che mi ricordavano Torino sotto i bombardamenti. Intanto Craxi andava per mercatini a comprare cappelli usati di generali dell'Armata rossa da affiancare alla collezione di cimeli garibaldini: lo attorniava un nugolo di giornalisti trepidanti, pronti a strappargli l'ennesima battuta da inserire nella più vasta collezione del pettegolezzo italiano.

Ma lì al Reichstag, davanti al feretro di Brandt, il simbolo più alto dell'altro grande fiume da cui tutti venivamo – quel Willy, come veniva chiamato affettuosamente da tutti i socialisti del mondo, col quale solo un anno prima avevo avuto un sereno colloquio a Bonn per porgli il tema del nostro ingresso nell'Internazionale socialista, sul quale concordò con convinzione – ebbene, lì, mi sentivo nel cuore di un simbolo, dove si erano consumati la tragedia e l'eroismo dell'Europa. E lì si sarebbe celebrato anche il congresso dell'Internazionale, nel corso del quale saremmo stati accolti calorosamente come membri effettivi, anche grazie alla nostra storia originale di comunisti italiani.

Mi trovavo dunque al crocevia di tutta la mia vita. I viali di Berlino, il profumo intenso dei tigli, la Unter den Linden, quei monumenti austeri delle mie passioni, degli amori e degli odii, non solo miei ma del secolo: la filosofia classica tedesca e il nazismo, la rivoluzione e la via democratica, Marx, questo Marx grandioso, ossessivo e sempre presente, e il razzismo. E ora anche il riformismo, quello buono e quello meno buono. Tutto era passato di lì, pure il ricordo di quell'alba tersa a Pinerolo quando i tedeschi erano venuti sull'aia a prendere mio padre per portarlo in un campo di concentramento.

Meraviglioso, indimenticabile, maledetto Novecento. Mai come in quel momento impastato di orrori e di grandi speranze mi sono sentito così terribilmente europeo, uomo del mio secolo.

Il Novecento di Thomas Mann. Non solo gli sguardi

obliqui da chirghiso e gli zigomi alti di Madame Chauchat che attraversava indolente la grande sala da pranzo del sanatorio di Davos-Platz, lasciando dietro di sé un ammalato e irresistibile sapore di seduzione ma anche le interminabili discussioni politiche e filosofiche tra il democratico e illuminista Settembrini e il gesuita, reazionario, Naphta.

Mi sono ricordato solo adesso che, nell'arroventato clima antiriformista e lukacsiano degli ultimi anni Cinquanta, ci piaceva dichiararci dalla parte di Naphta, del suo disprezzo metafisico per l'ingenuità progressista dell'azzimato, facondo e a volte ridicolo Settembrini. Credevamo di condividere lo scherno leopardiano verso le sorti magnifiche e progressive. C'era del vero in quel furore contro l'ingenuità dell'ottimismo democratico. Ma, anche, quante funeste insidie!

Nel rileggere oggi quelle bellissime pagine della grande tragedia del Novecento, tra malattia e guerra, tra febbre fisica e febbre ideologica, sento salire alle guance il rossore del sanatorio di Davos-Platz, la vergogna per una malattia spirituale che ha contaminato un po' tutti.

Allora mi sono ricordato di quel Novecento più ampio cui avevo partecipato. Ora ero faccia a faccia con Kinnock, Smith, Delors, Rocard. Avevo discusso dell'unità della sinistra italiana con Mitterrand. Avevo instaurato un rapporto simpatico, direi persino affettuoso, con Gonzalez e con Mauroy. Mi ero ispirato, nella ridefinizione del modello di sviluppo, al mirabile rapporto della signora Brutland, e glielo avevo detto. E poi, naturalmente, i tedeschi, a cominciare da Glotz col quale – in una villetta berlinese circondata da fiori e da platani che era stata la sede dello stato maggiore del '68 tedesco – avevo discusso a lungo di una mia prefazione al suo saggio sulla società dei due terzi.

Però in quel mio Novecento di europeo era entrato, prepotentemente, come si diceva un tempo... il terzo mondo.

Solo Gerusalemme, nostro storico punto d'incontro con i palestinesi e gli israeliani, mi sarà di grande conforto.

A poco a poco comincia a sgretolarsi il vecchio sistema politico italiano. Le picconate di Cossiga preparano il terreno alla grande demistificazione senza princìpi. Ancora una decisione ardua, considerata al limite del delirio: la messa in stato d'accusa del presidente della Repubblica. Un uomo che aveva, come noi, sia pure da sponde opposte, capito perfettamente l'89, capito che era finita la centralità del partito cattolico, capito che i moderati dovevano stare con i moderati e i conservatori con i conservatori. Cresce la grande febbre della società italiana: la Lega Nord fa emergere, come in altre parti dell'Europa, ciò che era rimasto coperto nel corso della grande glaciazione della guerra fredda. Nello stesso tempo riemergono xenofobia, razzismo, particolarismo, corporativismo: scorrono, ora magmatici ora impetuosi, tutti gli elementi di un nuovo e originale diciannovismo.

Mi ritorna in mente lo spettrale suono dei flauti «che si faceva strada tra il rombo delle campane di mezzodì – che proprio allora si mettevano in movimento – come se volessero accrescere volutamente la confusione, annunciare un castigo divino, la fine del mondo e l'avanzata dei suoi distruttori».

E in piccole ma preoccupanti manifestazioni di neo-nazisti riecheggiava nella vicina Germania il fragore di migliaia di stivali chiodati che battevano l'asfalto.

Emergono anche le verità interne al male, la necessità della rottura demolitrice. Bisogna mettersi sulla soglia del vecchio edificio che sta finalmente per crollare, senza negare le radici democratiche della prima Repubblica. Un equilibrio difficile, un tortuoso navigare di poppa sospinti dalla furia delle onde, nel tentativo di mantenere, ora poggiando ora stringendo il vento, la rotta del rinnovamento. Chi soffriva il mal di mare, cominciò ad accusarmi di essere ondivago.

Avevamo gettato l'anima oltre la siepe. Ma potremmo aver peccato per troppo amore.

Come avrebbe detto il profeta muto di Roth: «Noi vogliamo portare aiuto, ma non ci siamo tagliati. Considerata la nostra impotenza, la natura ci ha dotato di troppo amore, di un amore che trascende le nostre forze. Siamo simili a quello che non sa nuotare, che si butta in acqua per soccorrere uno che affoga e va a fondo. Ma non possiamo fare a meno di buttarci. A volte aiutiamo l'altro, ma per lo più andiamo entrambi a fondo».

Questa sensazione, che in realtà non corrispondeva al vero, mi veniva suggerita dalla piega che stava prendendo l'inchiesta Mani pulite. La nostra stessa vittoria sul tema da noi sollevato con maggiore forza e coerenza – la questione morale – ci portava a subire un supplizio tremendo, a volte insopportabile. Nel momento del trionfo delle nostre idee fummo costretti sulla difensiva.

L'esperienza di presunto colpevole è quella che più di ogni altra ha intorbidato le acque, ha appesantito il cammino, ha attutito la spinta propulsiva della mia stessa volontà di innovazione.

Allora alcuni, troppi, fecero finta di non capire che – di fronte a quegli eventi per noi dolorosi – a nulla valeva la nostra capacità di dirigenti. Era in atto un uso politico delle inchieste volto ad inquinare tutto e tutti. Dietro si ergeva l'ombra inutilmente ghignante del vero bandito: Ghino di Tacco.

Un fulmine a ciel sereno: l'arresto di un nostro compagno a Milano. Ore terribili, giorni terribili. Pensavo alla moglie, ai figli, alla sua triste situazione, ai compagni sbigottiti in federazione. Mi si stringeva il cuore, sentivo lo scandalo montare furioso come una tempesta fuori delle finestre di casa dove era giunta inaspettata la telefonata che non avrei mai voluto ricevere. C'era gente. Mi chiusi in un silenzio cupo. Fino a che mi salutarono, a sera inoltrata. Provavo pietà, vergogna e tanta rabbia.

Bisognava reagire, al di là della stessa gravità dell'episodio. Bisognava ribadire la nostra diversità anche nel modo di rispondere a quella sventura.

Ritornai dunque alla Bolognina per dire: «La lacerazione è più profonda per noi che per altri partiti. E la ferita che è in voi è anche in me. Si è colpito il punto forse più prezioso della nostra identità». E aggiungevo: «È stato un errore, una colpa grave... Io chiedo scusa al popolo italiano per quella colpa ma pretendo anche delle scuse da parte di chi l'ha commessa contro i nostri intendimenti, le nostre direttive, i nostri princìpi. Non voglio entrare qui nel merito degli accertamenti svolti dai magistrati, voglio solo affermare – e lo faccio nella consapevolezza piena delle responsabilità che mi competono – che nessuna sollecitazione in tal senso può essere venuta dal centro del partito, dal suo gruppo dirigente... Il nostro è un messaggio di umiltà e nello stesso tempo di onesto orgoglio. Noi ci proponiamo, noi che non siamo mai stati al centro del sistema di potere che ha dominato il Paese, di salire il calvario di una autocritica spietata, perché a noi è sufficiente molto meno di quanto è necessario ad altri per sentirci in colpa. Ma avvertiamo proprio per questo, per questa nostra peculiare sensibilità morale, di salire quel calvario per salvare non solo noi ma l'insieme della politica italiana».

Come al solito, ciò che rende come poltiglia malata la mia esistenza, la mia coscienza e sì, diciamolo, la mia anima, è la sensazione di inspiegabili abbandoni, di sofferti intrighi, del giocare, soprattutto da parte di chi dovrebbe aiutarmi, all'incomprensione delle difficoltà oggettive che ti si parano davanti, per presentarle come sintomo di incapacità o di cattiva volontà.

La sofferenza diventò grave quando mi accorsi che c'era molto, nell'atteggiamento malevolo nei miei confronti, della sottovalutazione di chi si attardava in vecchi schemi di gioco. E cercava di ridicolizzare, con la supponenza del calligrafo, posizioni che nel vecchio mondo appaiono errori ma che sono in realtà le uniche che ti permettono di entrare nel nuovo.

Come molte sofferenze irrisolte, anche questa nasceva probabilmente da una sorta di coscienza infelice che è propria dei periodi e degli uomini di transizione. Ciò capita quando succede, come all'Ammiraglio, di essere una figura emblematica della coesistenza di antico e moderno. Scrive Gusdorf: «Colombo scoprì il nuovo

mondo senza uscire dal vecchio». Lì si insinua la sofferenza.

Decisi così di uscire dal vecchio mondo. Di far prevalere le ragioni della distruzione, dell'abbandono anche
psicologico di tutto il vecchio modo di concepire la politica, di vivere fino in fondo il suo limite. Lo avevo
del resto già ampiamente teorizzato nella mia visione
del partito. Ma tra la coscienza, le impercettibili pul-
sioni dell'anima e l'intelligenza, la consapevolezza culturale e teorica, esiste e si fa sentire uno iato, che solo
un susseguirsi permanente di profonde scosse telluri-
che riesce a colmare.

Preferivo essere un eroe o un antieroe? La cosa si poneva in politica come per i maestri di scacchi. Se nel
mondo esistono due specie antitetiche di scacchisti, è
molto probabile che esistano due specie diverse di politici. «Da una parte c'è l'eroe, che non ha altra reli-
gione, altra ragione d'essere che non siano gli scacchi:
ogni soddisfazione, ogni piacere gli vengono dalla scacchiera e dalle vittorie che ne riporta e viceversa ogni
forma di dolore e di paura della morte è racchiusa nelle sconfitte subite. L'eroe non può concepire l'esistenza senza quel campo di battaglia che sono gli scacchi,
non può esistere senza lottare, solo questo lo mantiene
in vita e, quando la sua supremazia comincia a declinare, egli perde ogni interesse per quel che lo circonda.» L'antieroe, invece, «può diventare ugualmente un
grande giocatore, persino un campione del mondo come è stato Lasker, solo che non è un predestinato, non
vende l'anima al diavolo incondizionatamente, ma stila
qualche clausola a proprio favore. Non vive *solo* per gli
scacchi, capisci? È un uomo, e come tale si lascia una

libertà di scelta». Questo scrive Maurensig nella *Variante di Lüneburg*.

Dinnanzi a questa torbida malattia della coscienza, sento come ristoratrici e nello stesso tempo ammonitrici, le parole di Seneca: «Sono più, o Lucilio, le cose che spaventano, che quelle che ci fanno effettivamente male; e noi siamo più spesso in angustie per le apparenze che per i fatti reali... Ti raccomando di non renderti infelice prima del tempo, perché i mali che hai ritenuto imminenti forse non verranno mai, in ogni caso non sono venuti. Per alcune cose noi ci angustiamo più di quello che dovremmo, altre ci crucciano prima del necessario, altre senza alcuna necessità. O ci aumentiamo noi stessi il dolore, o lo anticipiamo, o lo creiamo con la nostra immaginazione».

«Non so perché – scrive ancora Seneca – ma le cose immaginarie turbano di più. Le cose vere hanno i contorni ben definiti, mentre tutto ciò di cui non si ha certezza è in balia di giudizi arbitrari e fallaci di un animo atterrito.» L'angoscia, la compagna della mia vita, che mi saluta al risveglio e mi conduce alle soglie del sonno, nasce soprattutto dall'incertezza e muore con la decisione, con la determinazione dell'intervento consapevole e dell'azione. Non a caso, questa è sempre stata per me la più sicura delle terapie.

«Ciascuno di noi ha in qualche parte del mondo il suo antagonista, l'alter ego negativo.» Essendo l'antagonista parte del nostro stesso essere, c'è da augurarsi che l'incontro non porti necessariamente a combinare, con il concorso dei secoli, uno scontro mortale.

Generalmente io preferisco scontri duri, rapidi, possibilmente vittoriosi e che si stemperano presto nella ironica consapevolezza della inutilità delle cose umane.

Qualche scontro è stato necessario per non essere gettato prematuramente ai pesci, circostanza questa che rende più problematica la mia ironica considerazione della inutilità delle cose umane. Un colpo secco, ben dato, e tutto si è rimesso a posto.

Soprattutto perché all'orizzonte si intravvedono le prime vittorie. Il referendum, col quale entriamo festanti in prima posizione, assieme a Segni, nella seconda fase della Repubblica. E poi l'elezione diretta dei sindaci.

Quel malore si è poi rivelato un violento temporale di mezza estate che annuncia la fine della stagione. Dopo la tempesta il ritmo del tempo e la forza dei colori si stemperano in una quiete crepuscolare. E tutto sembra insieme più tenue e più insicuro.

Non si può ancora dire che incomincino a mancare le forze. No, è solo un senso impreciso di distacco e, fosse vero, di olimpica serenità. Ho ricominciato a pensare e a sentire il mistero dell'esistenza.

«La nostra vita non è ugualmente distante dall'eternità anche se dura dieci anni di più?» Questo essere un nulla rispetto all'infinito e un tutto rispetto al nulla, che domina i pensieri di Pascal, ci riconduce costantemente all'idea dell'inutilità delle cose umane, da cui siamo partiti per negarla con l'azione. Ma ora il dramma della conoscenza si sposta sul terreno della più attenta, sentita, vissuta percezione poetica del mondo. «Chi si considererà in questo modo, sbigottirà di se stesso, e considerandosi sospeso, così come è fatto da natura, tra questi due abissi dell'infinito e del nulla, tremerà alla vista di queste meraviglie; e credo che, la sua curiosità mutandosi in meraviglia, sarà più disposto a contemplarle in silenzio che ad esaminarle con presunzione.»

E così incominciò a desiderare che la scala della casa dell'Uliveto, che conduce al primo piano, fosse coperta da una guida, una passatoia di canapa verde foncé, come quelle dei piccoli, ridenti alberghetti di collina, lassù al Pino, dietro Superga, oppure nelle Langhe.

Non chiedeva che un po' di serenità, e un breve rinvio della morte. Gli bastava ricordare con Willa Cather, come il profumo di un solo fiore può recare in sé tutta la fragranza della primavera.

Sono stato colto dall'improvviso desiderio di divorare il mondo. Attraverso la sua rappresentazione. Oppure di poterlo rappresentare prima che sia troppo tardi.

Pensare che non vedrò più nulla e il mondo, sia pure solo per pochi millenni, continuerà per gli altri.

Allora, per prima cosa, raduni tutti i ricordi che si affacciano alla rinfusa. E ti chiedi: chi scrisse «con quale ardore correvo dietro alla felicità, alle donne, alla libertà»?

La fine dell'illusione dell'eternità aveva privato ogni cosa del suo incanto. Così, dopo tanto rumore, fui circondato dal silenzio.

Si uccide Cagliari, si suicida Gardini: una intera classe dirigente scompare, senza distinzione tra società politica e società civile.

Finisce un'epoca. C'è qualcosa di grande nella storia di questo Paese. La mediocrità nazionale riesce a volte a raggiungere impensabili vette di determinazione. Si affollano episodi che affondano le radici in quanto c'è di più antico e inquietante della storia degli italiani. Si presentano come l'espressione della capacità apparente di elevare, con un atto di etica della responsabilità, la spavalderia dell'azzardo e la miseria della furbizia. In realtà, quanto accade attorno a noi è l'espressione della debolezza strutturale delle forze produttive, che trova la sua esaltazione nella intensità del rischio, nell'estrosità del comportamento, nella passione corale per le radici robuste dell'origine contadina in gente smaliziata, antichi cittadini, il popolo dei cento comuni. Un'origine contadina che si è fatta comunità urbana.

Ora sentiamo qualcosa di simile a quella comune alienazione di cui parlava Marx: nel senso dell'assoggettamento di tutti, sia pure con destini diversi, all'unico meccanismo di espropriazione umana.

C'è nel dramma corale il dramma irripetibile del singolo individuo. La democrazia non può convivere con i misteri. Ma la pietà nasce in noi perché ci sembra di provare la lacerante e stridente angustia di chi all'improvviso sente che una illusoria impunità morale lo ha tradito, lo ha reso corresponsabile di un sistema arrogante e rovinoso di cui alcuni forse avrebbero personalmente voluto liberarsi.

Pietà per l'uomo, condanna radicale di un sistema, in un'unica opera di rigenerazione nazionale. Ecco quello di cui avevamo bisogno. Si doveva colmare un vuoto, il baratro che si apriva non solo davanti ai singoli ma nel quale sprofondava la nazione.

Allora, non a caso, erano stati radunati sul terreno tutti gli elementi pratici e teorici di una nuova destra.

Tuttavia bisognava avere il coraggio di guardare avanti, portando dentro di sé qualcosa del distruttore. La lotta andava condotta su due fronti. Contro gli esponenti di un vecchio regime che si ostinavano a non voler comprendere le dure repliche della storia e contro la violenza morale della nuova destra, la disumana reincarnazione degli spettri tipici di una «reazione» insieme spavalda e squallida.

Improvvisamente sentimmo soffiare intorno a noi, ancora una volta, il vento dell'intolleranza. Il fanatico giustizialismo di chi – non penso certo ai giudici – voleva, in realtà, fare pagare le colpe di una classe dirigente a tutto il popolo italiano, di chi avrebbe voluto farci vivere nell'angoscia, nell'incertezza, nella impossibilità di ricreare anche le più elementari condizioni di una convivenza comune, con l'unico scopo di sostituire i padroni di ieri con nuovi ignoti padroni.

Era ancora possibile volere, ricercare una pacificazione storica, fondata su un nuovo democratico lavacro, capace di rianimare, con un atto consapevole e solenne, il rapporto di fiducia tra individui e istituzioni?

Occorreva stipulare un nuovo patto di convivenza nazionale prima che arrivasse una nuova notte dei cristalli.

Avevamo vinto il precedente turno elettorale. Subito dopo si scoprì la vitalità del Pds. Un giornale aveva titolato: *Risorge Occhetto*. Si scoprì anche che essere ondivaghi era un merito, la condizione per tenere la barra verso l'obiettivo in un mare in tempesta. Sentii gli elogi dei giornali e della pubblica opinione più alti della mia gioia interiore. Molti dicevano: abbiamo svoltato, il peggio è passato. C'era del vero, ci volevano morti e invece eravamo risorti. Ma non mi fidavo, avevo presentimenti che a poco a poco si trasformarono in ombre. E infatti.

Incominciò una vera e propria campagna persecutoria nei nostri confronti. I moderati e i neocentristi si coalizzarono per impedire che si entrasse effettivamente, come l'elezione diretta dei sindaci aveva annunciato, nell'epoca delle grandi alternative programmatiche. Divenne utile l'uso propagandistico delle inchieste. Dall'avviso di garanzia a Marcello Stefanini in poi, assistemmo a un clamoroso, fantasmagorico riciclaggio della stessa notizia. Fummo sepolti e riesumati a giorni alterni.

Era con l'orecchio attento agli angosciosi rumori che provenivano dalla Procura di Milano che andavo a importanti, suggestivi incontri all'estero. La prima volta a Lisbona. Nel vicino convento francescano di Arrabida partecipai ad un seminario con i leader del socialismo europeo. Attorno al tavolo frugale della lunga e stretta sala da pranzo, davanti all'oceano, le parole soffocate nel bianchissimo edificio che si tuffava nell'ultima reminiscenza di macchia mediterranea. Ma dove tutto cominciava già ad essere un po' più grande: i pini, gli arbusti, le creste dei colli, il respiro del mare, la luce intensa, il cielo alto. Tutto appariva come fantastico crocevia tra la dolce e vecchia Europa e l'ampiezza continentale dell'Africa o dell'America Latina. Così mi sembrò subito quando, affacciatomi al belvedere di Santa Maria sul Tago, pensai di essere già davanti all'oceano.

Capita spesso, quando si arriva finalmente ad incontrare persone, opere d'arte o città cariche di aspettative, di rimanere al primo istante un po' delusi. Per Lisbona è stato il contrario. Ci sono arrivato come distratto, senza grandi attese, e mi sono trovato di fronte all'inesauribile, inesplicabile dispiegarsi di un fascino nascosto, misterioso e multiforme. Ho ritrovato nella realtà quelle atmosfere parallele di Pessoa e Tabucchi, il giovane scrittore di cui, prima di morire, mi aveva parlato a lungo mio fratello Franco quando cominciava a pubblicare i suoi libri per Feltrinelli.

Sono tornato a Lisbona il mese dopo, con Aureliana, in occasione del Consiglio generale dell'Internazionale socialista. A sera, cena di lavoro con i leader con un episodio simpatico e curioso. Tra una portata e l'altra, prendo la parola e comincio a parlare in francese, ma non c'è alcun interprete vicino a me per tradurre in inglese. Allora Simon Peres, lui, l'ospite d'onore di quella riunione dopo i fasti di Washington e i successi dell'incontro di pace con Arafat, si alza e traduce tra il serio e il divertito una mia dura invettiva contro Kasbulatov e Eltsin.

La sera dopo con Aureliana, l'ambasciatore e la moglie, due persone squisite nella loro attenta, curiosa e colta capacità di degustare Lisbona: insieme nei ristoranti del Barrio ad assaggiare le multiformi morti del baccalà al canto del Fado. Altra incantevole sorpresa, gli *azulejos* che ricoprono le case e i palazzi di leggiadri disegni di ceramica. E su e giù per le *calcadas*, per le *ruas*, fino al bar caffè di Pessoa a bere un buon bicchiere di Porto, bianco prima del pasto e rosso dopo.

Ed ecco allora che, passando dalle *calcadas*, dalle *salidas* alle *ruas*, «nel pensier mi fingo» di proseguire per tutte le vie d'Europa, di percorrere i viali di Torino laddove si congiungono, sotto i tigli profumati a primavera, alle *Alléen* di Berlino, di attraversare gli *squa-*

res di Londra, di rincorrere i profumi antichi di *pastis* e di sinistra lungo i *boulevards* parigini, di sostare nelle piazze di Roma e poi sotto i portici di Bologna e ancora di Torino, da piazza Castello fino alle pendici della Gran Madre, e finalmente correre lungo le *avenidas* di Madrid e scendere per le *ramblas* di Barcellona, giù sino al mare, alla piccola bianco-azzurra trattoria mediterranea di pesce, ad incontrare lo scrittore Montalbán, a parlare di rivoluzione con il basco in testa e di eccidi al Comitato centrale.

Questa è la nostra infanzia, la nostra primavera di sinistra. Questa è la nostra vita di europei, questo è il nostro indimenticabile Novecento.

Così pensavo e sentivo ricordando i piatti portoghesi che Tabucchi avrebbe assaggiato in un incontro ideale con Pessoa. Un «ensopado de borreguinho à moda de Borba», oppure uno dei due modi di preparare la «poejada», col formaggio fresco o con le uova, come si fa, parola di Tabucchi, nel Basso Alentejo.

Questo penso e sento mentre concedo un'intervista al «Diario de Noticias», in un ristorante sulla torre di un castello da cui si vede un oceano spaventoso che scaglia le sue onde oltre l'immaginazione. E ricordo ora, con un po' di apprensione, che solo ieri, assorto, proprio lì alla foce del Tago, lì davanti al luogo mitico da dove quei titani del mare, i grandi navigatori, sono partiti per scoprire il mondo, proprio da lì avevo sognato di partire anch'io in barca a vela, con la mia piccola Comet 8,50, per poi arrivare festante, forse un po' stanco, sotto i grattacieli di Manhattan.

Per mesi ho vissuto come un innocente che si sente braccato. Ogni giorno, ogni ora, ogni minuto, ogni secondo erano forieri di notizie inquietanti. Un paradosso che non potevo accettare: un gruppo di uomini e donne che aveva inventato, fatto crescere nella società italiana l'idea stessa di Mani pulite come condizione di rigenerazione nazionale, ora era costretto a difendersi. Comunque ci siamo difesi, stando sul pezzo giorno e notte.

Erano in molti coloro che gioivano perché veniva colpita, sbeffeggiata, contraddetta la diversità, quella diversità tanto temuta, e che ora poteva essere gettata, ogni giorno, senza discernimento e senza distinzione, nel grande truogolo del generale disonore. Sull'odore di santità prendeva il sopravvento l'odor cadaverico.

«Gli uomini amano la caduta del giusto e il suo disonore.» Mi ritornano alla mente queste parole tratte da un'agghiacciante capitolo dei *Fratelli Karamazov*. Si tratta di quella lugubre ed allucinante descrizione dell'odor cadaverico che cominciò ad emanare dal corpo inanimato dello *starets*, un monaco santo e amato per la sua grande generosità da quasi tutti i fedeli. Ora, quella rapida decomposizione contraddiceva, sulla base delle credenze ortodosse, l'idea stessa che il sant'uomo fosse stato accolto da Dio in gloria, anzi poteva dimostrare che tra il giudizio degli uomini e quello divino c'era una certa differenza di vedute. Quella scoperta, passata di bocca in bocca, non solo aveva mandato in estasi i non credenti ma era stata accolta con grande soddisfazione soprattutto dai credenti, che mal sopportavano l'eccessiva santità e bontà del monaco. In realtà, quand'era ancora in vita, era stato amato, rispettato, riverito come un santo, tuttavia aveva anche suscitato gelosie ed avversioni, non già perché avesse fatto male a qualcuno ma per l'esatto contrario: la sua bontà era in se stessa un problema, destava una certa inquietudine. Quindi una improvvisa, maligna soddisfazione si impossessò di quanti mal sopportavano quella diversità e avevano sempre desiderato, in cuor loro, di abbassare al proprio livello quella figura inquietante per la sua straordinaria generosità.

E così, come racconta Dostoevskij, dinnanzi all'idea che il corpo di un simile defunto potesse decomporsi e puzzare, «gli increduli se ne rallegrarono e quanto ai credenti, ci fu chi gioì più degli stessi increduli, giacché gli uomini amano la caduta del giusto e il suo disonore» come aveva detto anche il defunto *starets* in uno dei suoi sermoni.

Quelle mirabili pagine mi ricordavano che la forza distruttrice dell'invidia può colpire più per il bene compiuto che per il male arrecato agli altri. Mi ricordavano anche la natura capricciosa della fama e dell'opinione pubblica.

Non posso rileggere sul computer, senza un minimo di tormento, le prime parole del canovaccio del mio comizio di Bologna. Non posso dimenticare l'animo lieto, sereno, fiducioso col quale, nello scriverle, mi apprestavo ad annunciare la nostra limpida vittoria sulla questione morale. Non posso dimenticare la canea crudele con la quale si è voluto coprire quelle parole oneste che adesso risento, col sottofondo dell'urlo della folla, quell'urlo indimenticabile, entusiasta. Quell'urlo giusto di giusti che subito dopo mi si è gelato nel cuore, appena sceso dal palco, tra un tripudio festante e ingiustamente profanato: sì, la notizia dell'arresto del fratello di Stefania, la mia segretaria. Secondi, minuti, ore terribili. A cui sarebbero seguiti giorni di incubo.

Ancora una volta la vittoria diventava amara, sembrava capovolgersi in dannazione. La grazia capovolta.

Risuonano quelle parole, sul ciglio della strada ancora bandiere festanti, risuonano quelle parole per ripetere: grazie a tutti voi, compagne e compagni, per essere venuti qui così numerosi, per avere ancora una volta offerto a noi e a tutto il Paese questo meraviglioso scenario di popolo, di uomini e di donne riuniti per dire che la sinistra è in piedi, è viva con i suoi ideali, con la sua voglia di battersi e con la sua onestà. Lo avevo gridato forte: sì, con la sua onestà che è l'onestà di fondo del nostro movimento di donne e di uomini onesti, che lavorano, di questo partito che con la sua stessa esistenza ha salvato l'onore di tutta la sinistra italiana.

Sia chiaro, noi non crediamo di essere uomini diversi dagli altri, sappiamo benissimo di avere commesso errori, di aver assunto la corresponsabilità di momenti foschi del passato, di degenerazioni inammissibili. Ma sappiamo anche di avere fatto con coraggio i conti con le dure repliche della storia, di avere percorso tutte le tappe del nostro laico calvario. Soprattutto sappiamo, e tutti sanno, che quando qualche scheggia dolorosissima, per noi dolorosissima, ci ha colpito sono tornato alla Bolognina per chiedere scusa agli italiani. Ma per la storia di questo Paese, la vicenda di Tangentopoli è ormai chiara. È sostanzialmente la storia di un sistema di cui non solo non facevamo parte ma che era volto contro di noi.

Tangento-
poli

Ancora risuonano queste parole di certezza davanti all'immensa arena della festa. E quella certezza si fa convinta passione ed entusiasmo irrefrenabile. Poi l'aggressione delle notizie. Mi crederanno ancora? Rivedevo quella folla che si era affidata alla mia sicurezza. Inorridivo all'idea che anche una sola persona tra quelle che erano tornate a casa felici potesse dubitare, sospettare o pensare di essere stata ingannata.

L'auto saliva sulle montagne dove una volta passava la linea gotica, i calanchi nereggiavano all'imbrunire. Ci attendeva, a casa di Isabella e Luigi, la festa di compleanno di Aureliana: la vittoria era ancora una volta amara, nella calda semplicità di quell'incontro emiliano e coi figli felici che però scrutavano con crescente apprensione, sul mio volto, le prime ombre di una rinnovata angoscia. Doveva essere una bella festa, privata e pubblica, invece era solo l'inizio di una bufera tremenda che avrebbe potuto stroncare anche la fibra più resistente. La grande stampa aprì un vero e proprio processo al Pds. Un alternarsi snervante di piccole schiarite e improvvisi annuvolamenti, il mio volto stampato su banconote messe in circolazione dalla Lega, accuse e sospetti di inattendibilità, il finto furore di titoli che facevano ardere la Quercia. Trasudava il piacere sadico e vendicativo di vedere finalmente colpiti, smentiti, sbugiardati i moralisti, i diversi, quelli che credevano di poterla fare franca.

Fu messa in giro la voce di un avviso di garanzia nei miei confronti. Era una follia solo il pensarlo. Ma il clima era diventato astratto, delirante. Le ombre dell'immaginazione e del sospetto, l'idea che potesse accadere anche l'assurdo, si allungavano nello scorrere di pomeriggi sempre più incerti. Decisi che dovevo prepararmi al peggio.

Non riuscivo a dormire. Pur avendo sempre preso le difese della magistratura – «onore ai giudici» avevo gridato a Bologna – fui assalito da un attimo di disperazione, nel senso etimologico del venir meno della speranza, che la giustizia potesse essere messa al riparo da complicati e oscuri calcoli politici o malintesi interessi di corpo. D'altro canto, l'avevo detto subito dopo l'arresto di Fredda: badate, non si vuole colpire solo il Pds ma anche l'attendibilità di Mani pulite.

Così, alle tre di notte, decisi di scrivere la mia lettera di dimissioni, per trovarmi preparato.

«Care compagne e cari compagni, non so come si possa cercare di compiere una ingiustizia così crudele. Ai compagni, agli amici, a tutti coloro che mi stimano e mi vogliono bene, chiedo una cosa sola: che sia difesa e preservata la mia autentica immagine, per riconsegnarla intatta alla mia famiglia e alla società italiana. La verità si farà comunque strada. Il popolo italiano ha capito qual è la sostanza e la logica perversa di Tangentopoli e sa benissimo chi ne è dentro e chi ne è fuori. Pur riconfermando la nostra totale estraneità ad atti illeciti che contraddicono i princìpi fondamentali della questione morale, sento in questo momento il dovere politico di presentarvi le mie dimissioni da segretario nazionale del Pds. La mia non è una resa di fronte a quanti attendevano o preparavano da tempo questo evento. Al contrario, è un atto di dignità e di lotta militante per la verità a cui chiamo tutto il partito. Un abbraccio fraterno.»

Il culmine dell'ossessione fu segnato dalla «scoperta» di ben quattro conti in Svizzera del Pds. Fu uno dei momenti più difficili: mi chiedevo quale tremenda macchinazione si nascondesse dietro quelle notizie che rimbalzavano come squilli di vittoria da un'agenzia all'altra. Un madornale errore nel quale si voleva indurre Di Pietro, una inspiegabile provocazione, oppure... l'esistenza di un nucleo parallelo che aveva agito all'insaputa del partito. Ma in questo caso, chi avrebbe creduto che noi non ne sapevamo niente?

La lettera di dimissioni l'avevo in tasca. Era sabato, dovevo decidere se tornare a Roma per consegnarla. Lungo la strada tortuosa, tra i castagni e le querce – come erano placide, rassicuranti e robuste quelle querce –, lungo la strada che portava a Scansano, ci fermammo alla Tana dei lupi.

Il proprietario si presenta con aria cordiale e mi chiede: come vanno le cose? Non è certo un bel momento, gli rispondo. Ma no, è bello, replica lui, aggiungendo quasi tra sé: tanto alla storia dei conti non ci crede nessuno. E senza darmi il tempo di replicare, mi versa un bicchiere di Morellino.

Di lì a pochi minuti arriva la notizia da Roma: è tutta una bufala, i conti sono della Dc e del Psi. Una gioia a cui si aggiungerà la richiesta di archiviazione del caso Stefanini da parte del pool. Poi, il rifiuto di sottoscrivere da parte del giudice Ghitti, che Dio l'abbia in gloria, e di nuovo i giornali che ci dichiarano nella bufera. Infine, la mirabile sentenza del Tribunale della libertà che giudica inattendibili i testimoni contro il Pds, che considera un errore l'arresto di Fredda e ne ordina la scarcerazione.

Sembra che l'incubo stia per finire. Ricevo l'annuncio appena sbarcato a Bruxelles, al Parlamento europeo, dove dovevo intervenire sui problemi del lavoro. E con Jacques Delors riesco persino a fingere una certa noncuranza: «Sì, una bella notizia».

Ora vorrei riconvocare i cinquecentomila che mi avevano ascoltato a Bologna, quando il sangue mi si era gelato nelle vene, mentre teatralmente i carabinieri circondavano Botteghe oscure. Vorrei radunarli tutti, chiamarli ad una grande festa. E poi, celebrare come si deve il compleanno di Aureliana e abbracciare felice i miei figli. Ma di felicità non oso più parlare.

Già, quegli ultimi colpi di coda. Quell'impressione di marasma e di disordine, quell'incertezza generale. Una autorizzazione a procedere doveva comunque arrivare, anche se paradossalmente sarebbe stato il monumento alla nostra estraneità a Tangentopoli. Un atto favorito da una nostra autodenuncia su un illecito minore.

Ma lasciamo che la giustizia vada avanti. La sostanza delle cose è ormai chiara, la nostra coscienza tranquilla. Cerco di liberarmi dalla sindrome di Stoccolma. Ci sono momenti terribili e assurdi, o meglio, terribilmente assurdi, nei quali l'innocente rischia di sentirsi colpevole, vive l'angoscia del colpevole, sente il brivido di attese dominate dall'ansia, dal timore di notizie ignote e incomprensibili: prova le attese, i trasalimenti, le incertezze di chi si sente braccato, scruta le pause della memoria e fiuta i rischi immaginari. Ci sono dei momenti in cui, al di fuori di ogni ragione, tutto ti appare sotto la forma disgustosa del complotto.

Questo non mi impedirà di recarmi, in seguito, al colloquio con Di Pietro e Colombo, come naturale, con grande serenità d'animo, incuriosito soprattutto dall'atmosfera dell'incontro e dal carattere delle persone che mi stavano di fronte. Né mi impedirà di subire, con relativa serenità, gli ultimi attacchi al nostro sistema nervoso, escogitati con lo stratagemma di far parlare i morti contro di noi. L'orrido e il grottesco si congiungevano in una danza tragicomica.

Ma ormai gli italiani avevano capito, il secondo turno dell'elezione diretta dei sindaci è un trionfo per la sinistra, per il Pds e la sua strategia di ampia alleanza democratica e progressista. Le ragioni della svolta ora vengono celebrate dall'Europa intera.

Si parla di noi anche in Giappone e negli Stati Uniti. Il «New York Times» mi intervista e, nel commento, sottolinea come naturale il fatto che un uomo venuto dalla tradizione comunista possa diventare premier.

Dopo tante pene, siamo finalmente vincitori. Ma non so se sono capace di concedermi anche un solo momento di gioia con tante ferite da rimarginare.

Un incontro in mezzo alla folla festante al Campidoglio, la notte dell'elezione di Francesco Rutelli. Con gli occhi velati di lacrime, il compagno mi dice semplicemente: «Avevi ragione tu». Non provavo orgoglio, solo la soddisfazione di non aver tradito nessuno. Nemmeno chi mi era stato contro.

Penso a noi ragazzi della via Pál, che in quella riunione del lontano novembre '89 avevamo capito che la storia del mondo stava cambiando precipitosamente e avevamo scommesso sull'innovazione.

Nel primo pomeriggio, all'Uliveto, cominciava l'attesa dell'epilogo di una intensa vicenda personale e collettiva.

Sottovento, in una tersa giornata di tramontana, i tenui colori dell'inverno intenerivano il profilo dei colli della Maremma, che si inseguivano tra ciuffi poderosi di querce spoglie ma già pronte a rifiorire. Lontano, il belato di un agnello e il rintocco di campane di greggi che si aggrumavano come grappoli di cotone per poi allungarsi, improvvisamente, lungo le linee limpide dei poggi. Intorno, silenzio, infinita solitudine. L'ombra di un uomo attraversa un'aia remota, quasi sognata nel chiarore del pomeriggio.

Rosada, la gatta selvaggia e salottiera, mi raggiunge acciambellandosi con sussiego e grande dignità sulla sedia a sdraio vicina alla mia. C'è qualcosa di straordinario in questa comunicazione discreta dei gatti che sanno starti accanto da lontano. Questa forma di contatto, meno invadente e diretta rispetto a quella dei cani, ha qualcosa di misterioso, coinvolgente e incerto. Come il baluginare tremulo di un remoto orizzonte. Solo gli spiriti più elevati sono capaci di stare così, l'uno accanto all'altro, in un silenzio intenso ed apparentemente indifferente ma profondamente comunicativo, senza bisogno di un rapporto più diretto, esteriore, di immediata e leggibile dipendenza reciproca. È l'eterna disputa tra gli amanti dei cani e quelli dei gatti.

Il dolce tepore al quale mi abbandonavo aspettando Aureliana che doveva tornare a momenti da Bologna, dava all'inverno il sapore di una promessa.

Il sole era appena a tre dita da monte Bottigli e le greggi più lontane cominciavano a tornare all'ovile. Le più vicine si intruppavano nel viottolo di terra battuta. Quelle che stavano laggiù, sullo sfondo dell'Amiata, formavano come in un incantesimo striscianti processioni: funamboleşche ombre cinesi si stagliavano lungo i crinali indorati dal tramonto. Pecore in fila indiana come segni di un rito sullo sfondo di una caverna.

Quando il sole è a due dita di distanza dalla cresta del monte, il gallo della cascina accanto incomincia a cantare.

Avevo fatto legna e tagliato l'erba del prato. L'aria profumava di un odore intenso, come di fieno liquido. Vicino al forno avevo preparato in piccoli pezzi il viticchio per la brace di pesce.

Poi tutto sarebbe precipitato dentro un travolgente mese di attività frenetica. Una campagna elettorale durante la quale sono stato tenuto in piedi da medicine micidiali, che mi avrebbero permesso di combattere prima una formidabile influenza e poi l'assalto dolorosissimo degli acidi urici, bastardi vetrini che ti entrano nella carne sino allo spasimo. In quelle condizioni sono andato a Londra per presentare il nostro programma ai grandi investitori stranieri. Così, sofferente, ho visitato il quartier generale della Nato proprio nel giorno dell'unica guerra combattuta da questo organismo, contro gli aerei serbi che avevano violato la «no fly zone». Così mi sono presentato ai duelli televisivi. Così ho attraversato l'Italia, accolto dal calore della gente, passando da un comizio all'altro in un crescendo di entusiasmo e di speranza.

Sì, di speranza malgrado i sondaggi che ci davano sicuri perdenti. L'entrata in campo di Berlusconi aveva cambiato il terreno di gioco e la partita avrebbe preso una piega molto diversa da quella per l'elezione dei sindaci.

La speranza la vedevo negli occhi della gente, negli incontri «senza rete» degli affollatissimi mercati, nelle indimenticabili e calde piazze di quei comizi invernali. Fino all'ultimo, appassionato, incontro di Firenze, a Santa Croce, seguito da un singolare attraversamento della città, verso Scandicci. Ero tra due ali di folla: giovani che mi superavano in motorino, chi salutava col pugno chiuso, chi apriva indice e medio in segno di vittoria. Gridavano: «Questa volta si vince». Fui preso da un improvviso presentimento e dissi a Giancarlo

Farini, che guidava la macchina, ancora in mezzo alla gente festante: «Questa volta, se perdiamo, la delusione sarà davvero intensa come il dolore».

Ma quei cittadini, come tanti che avevo incontrato, non si sbagliavano: a Firenze, come a Bologna e a Napoli, ma anche a Torino e a Genova, in Abruzzo e in Calabria, avevano avvertito il clima che li circondava. Loro, lì, avrebbero vinto.

Invece, abbiamo perso. Abbiamo perso tutti insieme, come Progressisti, anche se il Pds è stato traghettato con successo al di là della prima Repubblica, grazie alla sofferenza e all'innovazione. Ma soprattutto, grazie alla gioiosa speranza di quei cittadini, di quei giovani, di quei militanti.

Non lasciamoci sopraffare, abbiamo un dovere nei confronti di quella speranza, mi gridavo dentro mentre pensavo in che cosa avevo o avevamo sbagliato. Intanto c'era chi aveva già capito tutto ed era pronto ad addossare la colpa agli altri, con la stessa generosità con la quale era stato restio a ricordare o a riconoscere i meriti. Ma questo è il rituale dell'analisi del voto, quando non si vince. Sono successe anche cose curiose e un po' stravaganti: ad esempio, sono stato solennemente nominato comandante in capo di tutto lo schieramento soltanto alla fine della battaglia, mentre prima facevano a gara nel negare la mia funzione di leader dei Progressisti. Da parte mia, ho riconosciuto subito la vittoria della destra e, nel cuore della notte, ho trovato la forza di pronunciare, davanti alle telecamere, con compostezza, una parola bruciante: sconfitta.

Ancora una volta Aureliana, come in tutti i momenti difficili di questi anni, ha dovuto sopportare il doppio peso della mia profonda e a volte desolata fatica, ha dovuto vincere il dolore di dirmi, malgrado la sofferenza privata, di non mollare in nome di una ragione pubblica che rischiava di diventare un macigno sulla nostra vita. Ancora una volta si è assunta un carico per sé e per me. Detto semplicemente, è stata brava. Soprattutto perché aveva dovuto, nel cuore della svolta, in situazioni ancora più difficili, sopportare momenti in cui le donne continuano a pagare più degli uomini, fino ad esserne segnate. Ma almeno lei, tra Imola e Bologna, aveva stravinto, e io per primo l'ho incoraggiata a correre tra quei compagni delusi ma festanti.

Quel 28 marzo era cominciato all'Uliveto, dove mi avevano raggiunto per raccontare la giornata dell'attesa Alberto Leiss e Teresa Bartoli, due giornalisti che mi avevano seguito anche in campagna elettorale. Alberto su e giù per tutta l'Italia, Teresa nella tappe più difficili ed inquietanti tra Milano, Como e Torino: un viaggio nelle terre della Lega e della nuova destra.

Persino a Como, nella voragine bianca prima della Dc e poi della Lega, avevo trovato tanto entusiasmo e tanti giovani. A Milano, al Lirico, per la prima volta dopo tanto tempo l'atmosfera era ottima.

Ma da Como a Torino il viaggio si fece sentimentale. Arrivai alla sera, la città era bellissima, bianca come Parigi. Passai da Porta Palazzo, attraversai piazza Castello come sempre sontuosa, e rividi i portici illuminati di via Po, quei portici che vanno verso la collina di Pavese. E poi lassù, oltre la Gran Madre, il Pino dietro Superga, con le storie dei partigiani. E ancora, quei portici che da ragazzo percorrevo a piedi, venendo dall'incrocio tra corso Vittorio Emanuele e corso Re

Umberto, dopo aver attraversato mezza città per salire su in collina. Su, su in alto, per raggiungere un prato, da cui si intravvedevano, oltre all'ansa del Po, il Valentino e la Mole, per leggere immerso nel verde i versi del Petrarca. Associazioni di idee e di sensazioni: Scritto sotto la Mole, Antonio Gramsci, ragazze in fiore, il parco del Nichelino, la scuola della classe operaia. Quando Torino era l'Italia, era il movimento dei Consigli e la casa editrice di Giulio Einaudi, il figlio del liberale, del presidente, che stava con noi, come il nipote di Giolitti e il figlio di Amendola, il napoletano che aveva partecipato col siciliano Barbato alla direzione dell'insurrezione di Torino: la nostra Italia coincideva con la nostra capitale. Fui sopraffatto dalla commozione e da una punta di tristezza al pensiero che non avrei più camminato sotto quei portici con lo stesso animo.

In auto, prima di arrivare, c'era l'atmosfera dell'attesa, di qualcosa di nuovo, uno struggente sentimento di tortura estenuante e di piacere. Eppure, anche a Torino mi sarebbe venuta incontro una nuova speranza. Aveva il colore del miele e il sapore dell'infanzia, il sorriso del Nord visto dal Sud, aveva soprattutto l'eleganza e la compostezza della città, il ricordo di un'intimità che era nel nostro modo di essere, di stare insieme e di pensare. È come quando trovi chi ti stima e ti ama.

Mi sono ricordato di questo viaggio mentre attendevo i risultati all'Uliveto e raccontai ai due giornalisti perché, per la mia storia personale, sarebbe stato gratificante un successo del Pds a Torino. Più tardi sarei venuto a sapere che quel successo c'era stato: il nostro partito era tornato ad essere il primo della sinistra.

Tuttavia, nel corso di quella lunga giornata, continuavano ad arrivare brutte notizie sui sondaggi. Forza Italia gridava ai quattro venti di essere in testa. Le voci arrivavano addirittura dai piccoli paesi vicini. Le redazioni dei giornali erano state messe a rumore. Pannella teneva conferenze stampa, ad urne ancora aperte, per comunicare che la destra aveva già vinto. I garanti dormivano. E a me non piaceva per niente quell'aria sudamericana.

La nostra conversazione diventava sempre più surreale. Ormai non si sapeva più se bisognasse commentare dei dati oppure attenderli. Questa è la civiltà del tempo reale, talmente reale che le cose accadono prima del tempo. Eppure è andata proprio così.

L'interpretazione di quanto è successo, il senso di una vittoria numerica della destra che stenta ancora a diventare vittoria politica, la daremo con l'azione, preparando la rivincita.

Siamo entrati in una nuova fase della storia italiana e della nostra storia personale, del modo stesso di concepire le forme della politica, accompagnati dalla grande beffa del riciclaggio accanto al nuovo, sotto mentite spoglie, della parte più inquietante del vecchio regime. Il doppio Stato, il convitato di pietra che torbidamente accompagnava, annidato dietro le quinte del consociativismo, il sorgere e il crollo del vecchio regime ora, per la prima volta, si è fatto direttamente Stato.

Oggi si deve aprire una pagina nuova, che è anche la pagina di un nuovo libro. Abbiamo sottoposto a critica il vecchio sistema, per molti versi siamo già nel nuovo, ma come sempre attraverso le forme italiane della rivoluzione passiva, cioè cambiando ma per non cambiare la sostanza del potere. Così bisogna completare la transizione in una fase di ritardo storico, nella quale il nuovo pensiero deve ormai andare oltre.

Non basta più porsi il problema del sistema politico. Occorre avanzare una critica delle forme della politica, che coinvolga interessi, passioni e valori. Occorre interdire la telecrazia, attraverso una fusione più alta di pensiero autenticamente liberale e di pensiero democratico. Per far ciò, la più vasta alleanza dei democratici deve attingere, attraverso un lavoro di lunga lena, nuove potenze materiali e intellettuali. Occorre scoprire le nuove potenze della democrazia e della sinistra. Bisogna ricominciare.

Bisogna, dunque, avere la voglia e il coraggio di ricominciare da capo. Non si può farlo da soli, né nelle condizioni della prima svolta. Soprattutto, non si può farlo dimenticando che cosa sono stati per moltissimi di noi questi anni. Non si può farlo con fringuelli che ingaggiano una sfida di volo con l'aquila, posandosi sulle ali, e illudendosi di vincere spiccando un saltino verso il cielo proprio nel momento in cui il rapace, giunto al punto più alto del suo volo, si ferma a guardare il sole prima di cominciare nuove evoluzioni.

Come avrete capito dal richiamo riconoscente ai ragazzi della via Pál, avrei preferito terminare questo viaggio dopo una vittoria. E invece, lo chiudo con una sconfitta. Ma forse è meglio così, è più elegante.

Oltretutto, chiudo così solo un libro. La vita continua e potremo ancora cantare le gesta, l'armi (*idest*: la gioiosa macchina da guerra) e gli amori dei «cavaglieri antichi» che vogliono scendere in campo contro quelli «moderni».

E così potrei concludere, con il lampo di Calvino: «Mi fermai, battei le palpebre, non capivo niente. Niente, niente del tutto: non capivo le ragioni delle cose, degli uomini, era tutto senza senso, assurdo. E mi misi a ridere».

Potrei quindi nutrire «la speranza che sia di nuovo la volta buona, e che io torni a non capire più niente, a impossessarmi di quella saggezza diversa, trovata e perduta nel medesimo istante».

Ma io so che quella saggezza diversa non rimane a lungo con me. Viene subito scacciata da quell'intruglio che è peggio dell'aglio per i vampiri, da quell'intruglio mefitico e adorabile, fatto di un singolare impasto di pensiero e azione.

È la mandragola, la dannata mandragola dell'uomo di sinistra.

FINALE AUTOIRONICO

Mi getto a capofitto nelle elezioni europee. La battaglia è già persa in partenza. Tuttavia andava combattuta, in un Paese che era dominato dalla propaganda dei vincitori. Quel nostro 19 per cento sembra un miracolo. Ma io dovevo andarmene. Era un rito da troppo tempo atteso: bisognava consumarlo.

Ricordo che già dopo le elezioni politiche era venuto da me un deputato di Gallipoli per dirmi che al congresso dovevo lasciare, perché non sapevo dirigere il partito, perché ormai con la vittoria del berlusconismo si era aperto un ciclo totalmente nuovo – roba da marziani! – della politica italiana, e in buona sostanza io sarei sparito per una sorta di obsolescenza tecnica, perché avevo fatto il mio tempo, perché dovevo essere laico e capire che si poteva fare politica in tanti modi...

La notte nella quale maturai la decisione di dimettermi, quella frase risuonava nelle mie orecchie: devi essere laico. E incominciai a immaginare la mia vita futura come quella di Jim della Canapa nel *Pendolo di Foucault* di Umberto Eco. E mi dicevo: «Tu sei un autore, non sai ancora quanto grande, colei che amavi ti ha tradito, la vita per te non ha più senso e un gior-

no, per dimenticare, fai un viaggio sul *Titanic* e nau-
fraghi nei mari del Sud, ti accoglie una piroga di indigeni e passi lunghi anni ignorato da tutti, su di un'iso-
la abitata solo da papuasi, con le ragazze che ti canta-
no canzoni di intenso languore, agitando i seni appena coperti dalla collana di fiori di pua»... E così senti
di diventare ogni giorno sempre più laico, ed è così che
«cominci ad abituarti, ti chiamano Jim, come fanno coi
bianchi, una ragazza dalla pelle ambrata ti si introdu-
ce una sera nella capanna e ti dice "io tua, io con te"».

In fondo era bello dare le dimissioni, era bello sentirsi finalmente laici, liberi, spensierati, senza il peso
delle responsabilità. In fondo era bello, la sera, «stare
sdraiato sulla veranda a guardare la Croce del Sud mentre lei ti accarezza la fronte. Vivi secondo il ciclo delle
albe e dei tramonti, e non sai d'altro». Ed è così che
ti abitui a scambiare noci di cocco con derrate, ad oc-
cuparti della raccolta della canapa e, mentre gli indigeni lavorano per te, tu incominci a navigare di isolotto in isolotto e sei diventato per tutti Jim della Canapa. Ormai sei famoso in tutto l'arcipelago, ma una sera «mentre la ragazza ti accarezza sulla veranda e la
Croce del Sud sfavilla come non mai, ahi, quanto diversa dall'Orsa, tu capisci: vorresti tornare... Ed ecco
che appena arrivato scopri che le librerie ostentano tutti
i tuoi libri... Sei il Grande Poeta Scomparso, la coscienza della generazione. Fanciulle romantiche si uccido-
no sulla tua tomba vuota».

Ma allora, pure in questa trasognata visione, mi
assale un sospetto atroce. E se all'improvviso il mio *élan*
laico-vitale si imbattesse nell'irrefrenabile desiderio di
ritrovare il mio Pds? Mi accadrebbe come a Jim della
Canapa che incontra il suo amore, con tante rughe intorno agli occhi, «e il volto ancora bello che si strugge

di ricordo, e tenero rimorso» per quel torto al Consiglio nazionale.

Così capiterà a me, ormai laico, in una terribile ricaduta di mistica religiosità per il potere, e sarò di nuovo sfiorato da questo desiderio insano, da satrapo comunista orientale. E dirò anch'io, guardando il Pds, come Jim al suo amore: «Quasi ti ho sfiorata sul marciapiede, sono là a due passi, e tu mi hai guardato come guardi tutti, cercando un altro oltre la loro ombra. Potrei parlare, cancellare il tempo. Ma a che scopo? Non ho già avuto quello che volevo?».

E in un finale di fantastica esaltazione grido anch'io – con Kurtz per tutti, Jim della Canapa per gli indigeni: «Io sono Dio, la stessa solitudine, la stessa vanagloria, la stessa disperazione per non essere una delle mie creature come tutti. Tutti che vivono nella mia luce e io che vivo nello scintillio insopportabile della mia tenebra».

Così sono diventato laico... Nelle braccia di Dio, e possibilmente di una bella fanciulla che mi accarezza sotto i bagliori della Croce del Sud.

Sono il primo segretario che si dimette da vivo e senza malattie. Sono laico e saggio, e ricordo le parole di Seneca e di Montaigne sull'inutilità e futilità della fama e sul grave errore di dover dipendere dal giudizio altrui. Quasi tutti i grandi antichi, tranne Carneade, consideravano il perseguimento dei favori delle folle e della gloria stessa come un vizio destinato a produrre dolore.

«Crisippo e Diogene sono stati i primi e i più decisi autori del disprezzo della gloria; e, fra tutti i piaceri, dicevano che non ce n'era alcuno più pericoloso né più da fuggire di quello che ci viene dalla approvazione altrui. In verità, l'esperienza ce ne fa subire molti tradimenti assai dannosi. Non c'è cosa che avveleni tanto i principi quanto l'adulazione, né cosa per cui i malvagi ottengano più facilmente credito presso di loro; né ruffianesimo tanto adatto e tanto usato per corrompere la castità delle donne come il pascerle e il trattenerle con lodi.» Così Montaigne, che sempre a proposito della gloria, aggiunge: «Quanti uomini virtuosi abbiamo visto sopravvivere alla loro stessa fama, i quali hanno visto e sofferto che si estinguesse sotto i loro occhi l'onore e la gloria legittimamente acquistati nei loro giovani anni? E per tre anni di questa vita fantastica e immaginaria vogliamo perdere la nostra vita vera ed essenziale, ed esporci ad una morte perpetua? I saggi si propongono una fine più giusta e più bella per un'impresa di tanta importanza».

Sono parole molto belle, di grande conforto, come tutte le parole che racchiudono la magia di un sentire eterno, che muove al di sopra della caducità delle passioni umane. Ma sono anche parole, dobbiamo convenirne, che nell'animo di ciascuno di noi vengono spesso sopraffatte dagli echi dell'elogio della gloria del meno noto Carneade. Curiosa sorte quella di questo nome – Carneade, chi era costui? – che nella storia del pensiero passa come il più convinto assertore del valore della fama, e, nella letteratura, come l'esempio paradigmatico del perfetto sconosciuto.

Forse non ci resterà che attenerci alla massima di Aristotele, secondo la quale la gloria non va né troppo esaltata né troppo disprezzata.

LE RADICI DEL FUTURO

Un'intervista
ad Achille Occhetto
di Teresa Bartoli

«Indubbiamente è una svolta nell'ascesa dell'uomo,
ma sarà proprio "la" svolta?»

Edward a Vania dopo la scoperta del fuoco.
ROY LEWIS, *Il più grande uomo scimmia
del Pleistocene*

Novembre 1989, il dodici, domenica. Sta per finire un anno tumultuoso, tragico ed appassionante. Tre giorni prima, da Londra, col laburista Neil Kinnock, Achille Occhetto ha visto le scene gioiose e drammatiche della caduta del muro di Berlino. Ora è alla Bolognina, davanti ai vecchi partigiani riuniti per commemorare i quarantacinque anni della battaglia di Porta Lame. Ha scelto loro per dire che «tutto può cambiare». «Ho detto tutto» spiega all'unico cronista d'agenzia che lo ha seguito e incredulo gli chiede se pensi anche ad un nuovo nome. Increduli saranno anche i giornali che leggeranno quel flash sulle telescriventi, persino «l'Unità» che sottovaluta clamorosamente, come tutti gli altri, l'avvenimento. Solo il lunedì la notizia esploderà in tutta la sua portata. È «la svolta», l'epilogo di un anno denso e ricco.

Era cominciato col congresso del Pci, in marzo. Ma il «nuovo corso» imboccato al Palaeur di Roma non era sufficiente a reggere l'urto degli avvenimenti internazionali e la pressione interna. Occhetto aveva constatato di persona quanto veloce fosse il precipitare del mondo: in febbraio a Mosca parlando con Mikhail Gorbaciov nel pieno della perestroika, in marzo a Parigi per perorare con Pierre Mauroy l'ingresso del Pci nell'Internazionale socialista, in maggio negli Stati Uniti dove la simpatia per il «nuovo Pci» aveva il corollario ineludibile della domanda sul nome, in ottobre a Budapest dove un grigio funzionario gli comunicò che il partito ungherese stava per cambiar sigla e chiedere l'iscrizione all'Internazionale socialista.

All'operazione «nome», sia pure legato alla «cosa», Occhetto pensava e lavorava da tempo. A Bettino Craxi che esigeva il prezzo del cambio di identità e la sottomissione all'egemonia socialista, il Congresso di Roma aveva risposto un orgoglioso no. Ma proprio in quell'occasione Occhetto aveva posto una piccola prima pietra, nascosta nelle pieghe della lunga relazione introduttiva: il nome potrà cambiare solo in presenza di una nuova formazione politica. Sull'aereo che lo portava a New York, al piccolo industriale lombardo che – chiacchierando nella notte davanti ad un bicchiere – gli aveva detto «non voterò mai un partito comunista», lui aveva chiesto scherzando, ma evidentemente non troppo: «Nemmeno se cambiasse nome?».

In giugno il voto europeo aveva dimostrato che tanto lavoro dava frutti. Eppure nel pieno della campagna elettorale, in piazza Tien An Men, i carri armati avevano spazzato via gli studenti cinesi e la loro statua della libertà di carta pesta: Occhetto, con Pietro Ingrao, guidò la manifestazione di protesta davanti all'ambasciata di Pechino a Roma e poi aspettò il responso delle urne. Poteva essere un disastro, invece andò bene. Ma lo scenario interno era decisamente più difficile. A Roma, allora, regnava il pentapartito e il Caf di Bettino Craxi, Giulio Andreotti e Arnaldo Forlani era ancora forte e blindato. Al punto che in ottobre vinse persino le comunali romane nel nome di Franco Carraro e malgrado fosse reduce dai disastri della giunta di Pietro Giubilo, antesignana della Tangentopoli che esploderà più tardi a livello nazionale. Occhetto aveva vissuto quella campagna elettorale da piazzista della politica, casa per casa, porta a porta, convinto che finalmente fosse la volta buona. La sera dei risultati si abbandonò sul divano della casa di Enrico e Gianna, amici e allora ospiti di ogni veglia elettorale, e disse: «Se vincono pure in queste condizioni, bisognerà fare qualcosa. Ma che cosa?». La risposta di un noto intellettuale lì presente – «queste sono cose che riguardano il segretario del partito» – lo gelò ma nello stesso tempo gli diede la carica. Se pure ve ne fosse stato bisogno.

E così, quel 12 novembre dell'89...

1

ALLA BOLOGNINA

«Colombo scoprì il nuovo mondo
senza uscire dal vecchio.»

GEORGES GUSDORF

*E così quel 12 novembre dell'89, Achille Occhetto si presentò
a sorpresa ai partigiani, che alla Bolognina celebravano l'anniversario della battaglia di Porta Lame.*

Che cosa le è rimasto dentro di quel giorno?

La Bolognina è stata sempre, nella mia memoria, un
momento estremamente felice. Anche in contrasto col
profondo dolore che ho conosciuto dopo, quando si sono
aperte le lacerazioni nel partito, quando la mia personalità si è «spezzettata» tra l'innovatore e il figlio di quella tradizione e di quel partito. Ma allora – e fu ciò che
mi diede la forza per compiere un atto così radicale –
sapevo, ero convinto che il massimo di rottura significava il massimo di salvataggio e di recupero della parte migliore del comunismo italiano. Avevo deciso che
quella era la scelta giusta, ero fortemente determinato
e quindi vissi quel momento con gioia e con gioia l'ho
sempre ricordato. Un momento fantastico, quasi allucinato come capita sempre quando occorre decidere e
la forza fisica sembra moltiplicarsi.
Il venerdì prima ero a Bruxelles con l'inglese Neil
Kinnock che più tardi raccontò: «Chiesi ad Occhetto
se il Pci potesse cambiare nome e lui mi rispose scan-

dendo tre volte "È molto difficile, molto difficile, molto difficile". Tornato a Londra, il lunedì lessi sui giornali, a caratteri cubitali, *Il Pci cambia nome*. Se mi avesse detto "è difficile" una volta sola, avrebbe cambiato già il sabato».

Insomma, il venerdì ero a Bruxelles, la sera a Roma, sabato mattina a Mantova per vedere la Sala dei Giganti di Giulio Romano appena restaurata. E lì il compagno Michelini, detto William, un vecchio partigiano, mi invitò per il giorno dopo alla Bolognina. Gli dissi: «Guarda che se vengo pongo la questione del nome». E lui mi rispose, battendosi il pugno sul cuore, «tanto ciò che significa quel nome lo porteremo sempre qui, con noi». La sera, a Castel San Pietro, avvertii il segretario della federazione di Bologna e il segretario regionale che la mattina dopo sarei andato alla Bolognina. E lì, quella domenica, proposi di cambiare tutto. Al giornalista che mi chiedeva «anche il nome?» risposi: «Voglio dire che dobbiamo discutere liberamente di tutto». Ma mentre stavo ripartendo per Roma, le agenzie già battevano la notizia come una decisione presa. E su questo si è incardinato il novanta per cento della battaglia dei no contro di me. La sfasatura tra la problematicità della proposta e l'annuncio di una decisione è stato il terreno abilmente sfruttato nella battaglia congressuale.

Lei ha sempre accreditato l'idea della decisione presa in solitudine e sotto la pressione degli avvenimenti. Eppure ci sono segni, indizi, del fatto che a quell'operazione lavorava da tempo. Davvero non ne aveva mai parlato con nessuno, dentro e fuori il Pci?

In realtà per me era diventata una vera ossessione. Ed ogni incontro, ogni conversazione erano l'occasione per sondare le reazioni di fronte all'eventualità del cambio del nome. Ma erano sempre sondaggi indiretti, mai sulla base di una proposta compiuta. Ricordo per esempio di averne parlato con Massimo De Angelis, allora il mio più stretto collaboratore, chiedendogli di sondare le reazioni del mondo cattolico al quale lui era legato: insieme ne riparlammo con i Rodano, in particolare con Giaime. Del resto, pochi giorni dopo la Bolognina, trovai Pietro Scoppola, Leoluca Orlando e Luigi Bianchi entusiasti della svolta. Ricordo anche una telefonata con Bruno Trentin, il quale mi rispose con grande interesse. E poi ho il piacevole ricordo di una lunga conversazione, a casa di Vincenzo e Marinetta Ceci, con Giglia Tedesco e Tonino Tatò.

Ma, ripeto, era un tastare il polso assolutamente indiretto, che certo non nasceva da una decisione presa. Anche alla Bolognina lanciai una proposta, non annunciai un fatto. Però su quella sfasatura tra proposta e fatto nacque, lo ribadisco, buona parte dell'opposizione.

Ha sfruttato anche lei quella «sfasatura» presentandosi il giorno dopo in Segreteria con una proposta compiuta...

Proprio perché mi fu chiaro, la domenica stessa, che la proposta era diventata la notizia di una decisione, accelerai i tempi. Passai la notte a battere con due dita alla macchina da scrivere la relazione per il giorno dopo. Man mano che scrivevo davo i fogli a mia moglie, perché leggesse. Quando Aureliana ha capito dove andavo a parare non ha più voluto continuare, preoccupata da quel che stavo per affrontare.

Credo che siano le pagine più belle che abbia mai scritto. E quelle pagine le presentai alla Segreteria la mattina dopo. Nella stanza c'erano Claudio Petruccioli, Piero Fassino, Livia Turco, Antonio Bassolino, Walter Veltroni, Fabio Mussi. Erano stati invitati anche l'allora direttore dell'«Unità» Massimo D'Alema e il capo ufficio stampa Iginio Ariemma. Discutemmo a lungo, erano tutti d'accordo sulla necessità di aprire una fase nuova costituente. Ma alla fine mi resi conto che il momento era decisivo e dissi loro: «Badate, fate ancora in tempo a tornare indietro, perché dal momento che annunceremo pubblicamente che ci mettiamo in discussione, non ci sarà più possibilità di ritorno». Ci furono minuti di silenzio e tensione, poi uno ad uno risposero: «Sì, andiamo avanti».

Perché ha scelto proprio la Bolognina? Perché i vecchi partigiani e non un'assemblea di giovani, un'università o un consesso di intellettuali? Perché chiamare ad un nuovo strappo, e così violento, proprio la parte più vecchia del partito?

Scelsi la Bolognina pensando al discorso di Gorbaciov ai veterani, quando disse loro: «Avete vinto la seconda guerra mondiale ma rischiate di perdere oggi il vostro patrimonio se non vi metterete sul terreno di una totale innovazione: restando su una posizione vecchia non sareste fedeli a voi stessi». Ecco, della Bolognina ho il ricordo di una giornata di liberazione proprio per questo, perché mi sentivo già nel nuovo mondo ma a contatto diretto, pieno, con quel vecchio mondo del quale intellettualmente, ma anche sentimentalmente, facevo parte. E non solo dal punto di vista politico. Il richiamo era anche alla mia storia personale. Avevo in mente la mia vita di ragazzo, a Torino. Pensavo ai feriti che, durante la Resistenza, avevano trovato rifugio in casa nostra, alle prime riunioni clandestine della Sinistra cristiana, agli intellettuali che frequentavano mio padre Adolfo che lavorava all'Einaudi: Italo Calvino, Antonio Giolitti, Natalia Ginzburg, Cesare Pavese, che l'ultima sua estate mi correggeva i compiti di latino. Uomini e storie che mi avevano insegnato come la sinistra, la Resistenza non erano solo quel filone che avrebbe portato allo stalinismo ed al breznevismo ma un intreccio di filoni e culture che potevano vivere in un rapporto fecondo. Andando alla Bolognina volevo ricordare a tutti che la Resistenza poteva essere la fonte, il punto di partenza per una ricomposizione della sinistra, della parte migliore della sinistra, al di là del muro di Berlino.

Ha ricordato suo padre, Adolfo. Nelle Note di viaggio descrive l'arrivo dei tedeschi, nell'aia, e la sua partenza per il campo di concentramento. Dove lo rinchiusero?

In quel campo non arrivò mai. Lo portarono via l'8 settembre del '43 da Pinerolo, sotto gli occhi di mia madre Tita. Lì operava, oltre al leggendario comandante Barbato, padre di Luigi Colajanni, anche Ciccino Balbo, che con Franco Rodano era stato il fondatore della Sinistra cristiana e che fu il primo contatto tra mio padre e la Resistenza. Lo misero su un treno ma, con l'aiuto di un ferroviere, riuscì ad aprire il soffietto di collegamento tra un vagone e l'altro e a buttarsi giù. Gli spararono dietro, lui scappò in mezzo ad un gruppo di donne e svenne. Quando si riprese era vestito da prete e aveva la chierica tra i capelli.

La Bolognina fu dunque una scelta simbolica...

Per il luogo ma non solo. Lo fu anche per il tempo. Anzi, il significato temporale è quello più importante e da esso nasce una duplice interpretazione della svolta, anche tra coloro che ad essa furono favorevoli. Ci poteva essere, e ci fu, un'interpretazione minimalista: quella del mettersi al riparo dal crollo dei Paesi dell'Est, quasi un camuffarsi di fronte alla paura ed alla vergogna del nome «comunista». E io dissi da subito, ed ho ripetuto più volte, che mi sarei vergognato, mi sarei sentito un «ladro politico» se quello e solo quello fosse stato il movente della nostra decisione. Il Pci, con la sua evoluzione, sia pur lenta e culturalmente non completa, aveva già fatto i conti con la realtà dell'Est. La svolta nasceva invece dalla consapevolezza della fine di una struttura complessiva del governo del mondo, di una crisi che avrebbe aperto orizzonti totalmente diversi ad Est come ad Ovest e avrebbe cambiato tutta la scena politica sia su scala internazionale sia sul piano interno.

Al Consiglio nazionale che l'ha eletto segretario, Massimo D'Alema ha parlato della svolta come di una «dura necessità». Lei condivide?

Sono di parere opposto. Piuttosto che di «dura necessità», parlerei di una profonda esigenza di liberazione e di rinascita, puntando quindi sugli elementi di vitalità, creatività ed innovazione della svolta. E credo che proprio da questa differente valutazione partano due concezioni profondamente diverse dei partiti, della cultura e del sistema politici.

La relazione che preparai quella notte per la Segreteria e la Direzione successiva è importante perché contiene in sé, con la lucidità dei momenti di decisione, l'essenziale della svolta. Lì spiegavo che la situazione ci imponeva di non farci prendere dai sentimenti ma di vedere con freddezza le cose come stavano. Dovevamo capire per tempo che la nostra originale identità nel quadro internazionale o si ricollocava o era destinata a spegnersi. Prefiguravo la fine del bipolarismo nato a Yalta e parlavo per la prima volta di «un nuovo inizio» non come dispersione o autoflagellazione ma come capacità di risposta al nuovo che sorge, non come una sconfitta ma come un «atto fecondo». Il problema non era rompere con modelli che da tempo non erano più nostri ma capire che anche la nostra originalità, il meglio della nostra tradizione, erano stati vissuti dentro la logica dei blocchi e che ciò valeva anche per gli altri. Ma che per chiedere agli altri di fare i conti con una realtà nuova, dovevamo essere noi gli innovatori più audaci. Usai una frase che poi diventò famosa. Dissi: non sono sufficienti documenti ma occorrono fatti e atti politici. Cosa che poi ha permesso di sostenere che la svolta fu solo atti e fatti. Ma per fortuna «carta canta e villan dorme»: ci sono fior di documenti ad attestare la profondità del processo culturale che abbiamo compiuto.

La svolta è stata una scelta senza possibilità di ritorno. Si è mai sentito in colpa o pentito per quell'atto, per non essersi e non aver consentito nemmeno agli altri un ripensamento?

Chiunque compia una rottura così radicale, porta costantemente dentro di sé la possibilità di essere assalito dai sensi di colpa. Vieni dal mondo con cui hai rotto e senti tutta intera la verità di chi ti si oppone, perché quella verità fa parte del tuo stesso bagaglio. Lo scontro non è solo fra te e gli altri: la lotta e la lacerazione sono anche dentro di te. Lo dissi pure al Comitato centrale che discusse la svolta, quando cominciammo a dividerci tra sì e no: «La mia vita, come la vostra, è tutta in questa appassionante vicenda umana che ci unisce. I sentimenti, le passioni ci sono, vanno rispettati da parte di tutti e nei confronti di tutti. Ma non è sui sentimenti che ci dobbiamo e ci possiamo dividere. Quei sentimenti ci uniscono, ci appartengono, nessuno ha il diritto di usarli contro l'altro». Però, quando ti sei convinto di aver fatto la scelta giusta, sai che sarebbe sbagliato lasciarti prendere dal rimorso. E allora ti impedisci di tornare indietro, non per irresponsabilità ma, al contrario, per assumerti tutta intera la responsabilità di un atto che consideri giusto e anche per determinare le condizioni obbligate del cammino successivo. Come dissi anche in una intervista a Eugenio Scalfari subito dopo la Bolognina: «Ho fatto quel che dovevo, niente di meno e niente di più».

Invece, per quel che riguarda la sua vita, si è mai pentito?

È difficile rispondere. Certo da quel 12 novembre la mia è stata una vita d'inferno. Ma è anche vero che quel che mi struggeva, e che avevo vissuto in modo sempre più intenso nei mesi precedenti la svolta, era il senso di declino che vivevamo. L'alternativa alla lotta, anche dura e senza tregua ma vitale che si aprì quel giorno, sarebbe stata il lasciarsi trascinare in una situazione di inesorabile e invincibile declino.

Le cose erano arrivate ad un punto tale che non si poteva restare fermi. E se non avessi preso l'iniziativa in quel momento, l'inerzia ci avrebbe portato ad una tragica lacerazione. Un pezzo del partito avrebbe potuto essere trascinato sotto l'egemonia craxiana e credo che oggi si possa serenamente dire che abbiamo salvato anche chi – contro la propria volontà, visto che si trattava di compagni onestissimi – avrebbe potuto trovarsi a patire la beffa di una doppia crisi: quella del comunismo e poi quella del partito socialista. Dall'altra parte sarebbe rimasto un partito comunista che, non dico sarebbe stato quel che è oggi Rifondazione comunista, ma comunque avrebbe avuto come segno distintivo il declino.

Insomma, senza la svolta avremmo dovuto scegliere se morire appresso al comunismo sotto le macerie del muro di Berlino o ritrovarci con Bettino Craxi a prendere il sole su una spiaggia di Hammamet. E allora, se penso ai possibili esiti di una mancata scelta, sono sicuramente felice di aver affrontato difficoltà e momenti duri come quelli dello scontro lacerante, psicologicamente durissimo, con i compagni. Era la prima volta, venivamo tutti dal centralismo democratico e non eravamo pronti alla lotta tra correnti che vivevano «blindate», incapaci di comunicare tra di loro. Però la fase che portò fino al Congresso di Bologna ed il congresso stesso sono stati momenti alti di dibattito. E la società italiana vi ha assistito consapevole di vivere un grande evento vitale. Ricordo che persino Craxi, a Bologna, partecipò con un interesse quasi fanciullesco: mandava biglietti a tutti, alla maggioranza come alla minoranza, a Giorgio Napolitano e ad Armando Cossutta, diceva ai suoi di volere un partito come il nostro, capace di discutere con quella grandissima civiltà.

Parlando di questi anni, lei una volta ha detto «mi sono infilato in un tunnel». Ora che ne è uscito, che bilancio fa? Cosa le ha dato, cosa le ha tolto questa esperienza?

Mi ha indubbiamente arricchito. Mi ha dato la possibilità di una interpretazione nuova della realtà. Ha fatto uscire tutti noi da schemi culturali sorpassati. Ci ha fatto rivedere il mondo in modo unitario, al di fuori delle vecchie contrapposizioni. Ci ha aperto anche ad apporti culturali diversi. Ma c'è stato anche un grave limite, e su questo sono disposto a fare autocritica: il grande slancio iniziale si è frenato nel tempo, momenti di vera e propria implosione hanno ritardato il processo di crescita della svolta e della costituente impedendo che si determinasse una situazione completamente nuova.

Nei primissimi giorni avevo detto: «L'esito della svolta dipende da noi che l'abbiamo voluta ma anche da chi vi si oppone, dal modo in cui viene condotta l'opposizione. Si è parlato tanto del mio pianto a Bologna. Fu quasi un sussulto. Quando prima Ingrao e poi soprattutto Natta son venuti ad abbracciarmi, ho sentito che si era sciolto qualcosa. Malgrado l'errore di segnare un percorso con due congressi, si poteva partire da lì: era del tutto chiaro che una consistente maggioranza aveva detto sì alla costituente, al cambiamento del nome, alla formazione di un nuovo partito. Ero convinto che, dopo tanto discutere e confrontarci, fosse finita e potessimo ripartire con slancio. Invece mi ero veramente illuso, perché prevalse l'idea giacobina della possibilità di capovolgere il risultato. Iniziò in quel momento la fase più difficile, quella che ci portò a Rimini».

Nelle sue Note di viaggio lei rivendica con orgoglio il suo essere uomo del Novecento, uomo di questo secolo e ricco di tutte le sue contraddizioni. E di contraddizioni è fatto il suo rapporto con il partito: è stato il segretario più laico e nello stesso tempo il più «capo», il più «eretico» e il più amato, il più attaccato alle radici ma il più innovatore. Visto l'esito, non pensa di aver pagato, dentro e fuori il Pds, proprio l'essere a cavallo tra vecchio e nuovo?

Intanto sono convinto che nei momenti di grande trasformazione non si possa che essere a cavallo tra vecchio e nuovo, visto che i cambiamenti nascono dentro il vecchio. Il problema è un altro: se ad un certo punto si è e si vuole rimanere testimoni di questo passaggio oppure se, promosso il nuovo, si comincia a ragionare su quella base. Avrei potuto benissimo essere e rimanere l'uomo della svolta e non il protagonista della transizione da un sistema politico ad un altro.

Se fossi stato solo l'uomo della svolta, cosa di per sé già degna di grande rilievo, più che costruire il nuovo avrei tentato di ricostruire, di proporre un partito dal nome nuovo ma attore in un sistema uguale a se stesso. Avrei avuto con me chi interpretava la svolta – ci sono stati e ne hanno frenato le potenzialità – come una questione che riguardava solo i comunisti che dovevano fare i conti con la tradizione comunista, uscirne per avere più carte da giocare nella nuova fase politica. Invece entrai nel nuovo sostenendo – già nel Comitato centrale e poi in modo ancor più forte ed organico nella Dichiarazione di Intenti che presentai col simbolo ed il nome – che bisognava passare ad un nuovo sistema politico. L'elemento simbolico, come era naturale, suscitò il massimo d'attenzione e la Dichiarazione di Intenti non fu valutata per quel che era, non vi fu la consapevolezza che ci poneva ormai in una visione diversa dell'Italia e ci metteva nelle condizioni di poter giocare una importante battaglia politica.

Non a caso le difficoltà più serie le ho avute più avanti, e non perché mi fossi fermato ma perché, di

Towards a new political system: A NEW REPUBLIC

fronte a Tangentopoli, con la «Bolognina 2» posi la questione della destrutturazione di un intero sistema politico: allora persino coloro che avevano partecipato alla svolta, che l'avevano sostenuta, considerarono eccessiva questa corsa ad uscire dagli schemi del vecchio sistema politico. Lì cominciarono le vere difficoltà interne.

2

LA CULTURA DELLA SVOLTA

«È più difficile instaurare un ordine intellettuale collettivo che inventare parole nuove ed originali.»

ANTONIO GRAMSCI

Massimo D'Alema diventa segretario citando Antonio Gramsci: «È più difficile instaurare un ordine intellettuale collettivo che inventare parole nuove ed originali», e denunciando «l'improvvisazione e la fragilità culturale dell'impianto che doveva sorreggere il cambiamento». Insomma, dall'89 il Pci-Pds sarebbe vissuto di atti, fatti, slogan ma non di idee. Riconosce almeno una parte di verità in questa critica?

Credo che sia privo di fondamento ed autolesionista pensare che la svolta sia stata contrassegnata da una serie di atti o di parole d'ordine. Forse basterebbe citare «Le Monde» che ha scritto «Occhetto ha portato il suo partito ad essere punto decisivo nella risoluzione della questione nazionale». Non credo che il severissimo giornale francese l'abbia sostenuto perché a Parigi è arrivata la debole eco di qualche slogan propagandistico. Non lo dico per difendermi o perché mi senta offeso ma perché, ripeto, considero autolesionistico fare una critica di questo genere. Anche per l'immagine e il significato che la svolta ha avuto nel contesto della sinistra europea. Certo, ho fatto e confermo l'elogio dell'atto e dell'azione ma non c'è dubbio che la svolta abbia avuto un punto di partenza culturale e politico di grandissima forza del quale non possiamo non essere collettivamente orgogliosi. Trovo contraddittorio accusarmi di questo e sostenere che in fondo il problema dell'identità del Pds era risolto perché il codice genetico del partito ci metteva in condizione di affrontare il problema complesso e centrale del governare. Un partito che va avanti per slogan e parole d'ordine può anche essere utile per la società, rappresentare una fase come – sempre per citare Gramsci – è tipico dei movimenti congiunturali che nascono con una determinata funzione, la assolvono e cessano di esistere finito il momento che li ha prodotti. Ma io sono convinto che se una cosa è apparsa con evidenza – anche nei momenti più duri come le politiche del '92 e poi via via coi sindaci, sino alle ultime elezioni – è che il Pds si è presentato sulla scena politica come l'unica grande forza nazionale e non come un espediente o un movimento congiunturale.

Naturalmente penso che questo Pds porti dentro di sé le contraddizioni di una lotta irrisolta, dunque non sono in grado di dire che non ci siano i rischi di una regressione rispetto alle sue potenzialità. Quel che mi rende sospettoso è il negare o il dimenticare il tragitto culturale compiuto. Ma forse dipende dal fatto che questa visione organica e collettiva è mancata in chi interpretò la svolta come risposta all'esigenza di mettersi al riparo dalle macerie del muro di Berlino per poi riprendere il vecchio modo d'essere del vecchio partito nel vecchio mondo politico.

Non ho esitazioni su questo punto: abbiamo visto giusto e anche prima degli altri, e con una notevole chiarezza. Avevamo «visto» persino i primi segnali di una crisi da cui poteva nascere una forza nuova come la Lega, che ne sarebbe stata la febbre e non la malattia, la sua manifestazione «rivoltosa» e non il progetto politico per la guarigione.

Non è esagerato sostenere che avevate addirittura previsto il sorgere della Lega?

Se le sembra esagerato, allora le cito un passo della Dichiarazione di Intenti, presentata alla fine del '90, quando Umberto Bossi era il Senatur in quanto unico rappresentante del Carroccio in Parlamento. In essa, dopo aver affermato che tutto il Paese conosceva una corrosione del suo patto di cittadinanza, scrivevo: «Questo ci dice, ad esempio, la stessa incrinatura del patto fiscale. Un sistema fiscale inefficiente e iniquo, che grava tutto sulle spalle dei lavoratori dipendenti, cui corrispondono apparati statali burocratici e servizi sempre più inefficienti non regge più, e produce a sua volta la rottura del patto di solidarietà tra Nord e Sud del Paese. È in gioco la stessa coesione nazionale. Tutto ciò produce nel corpo della società un grande malessere, un sentimento di stanchezza morale, spirituale. La frantumazione dei contrasti sociali, la lacerazione del rapporto tra cittadini ed istituzioni, si riflettono nella coscienza di ciascun individuo». Ed è proprio subito dopo questa affermazione che si legge che il vero problema che ci stava dinnanzi era quello di capire «in che modo si può dar vita a quel partito che l'Italia non ha avuto mai: un grande partito riformatore capace di prospettare una credibile alternativa di governo». Come si vede, anche l'idea del «partito che non c'è» era nostra.

Invece quella protesta è stata raccolta dalla Lega.

Certo, è stato colpevole, avendo gli strumenti per farlo, non capire fino in fondo che non potevamo arroccarci nel vecchio sistema politico: quando in un importante convegno ad Avellino parlai di un regime, quel regime consociativo attorno alla spesa pubblica del Mezzogiorno e della finanziarizzazione del Nord che provocò la febbre della Lega, suscitai scandalo tanto all'esterno quanto all'interno del partito. Una colpa che abbiamo pagato alle elezioni quando, in nome di quell'esitazione, ci hanno presentati come parte del regime che era crollato.

Ma riconosce in questo Pds il suo Pds?

Non sono completamente soddisfatto del punto di arrivo. Anche se sono sicuro che, malgrado convivano ancora posizioni diverse e contrastanti, la svolta abbia introdotto a livello di massa – non parlo tanto degli apparati e soltanto degli iscritti quanto dell'area sempre più larga che ci sta attorno – una accelerazione che va nella direzione giusta. E allora mi insospettisce ancor di più una lettura riduttiva o addirittura restauratrice. L'ho già detto e non mi stancherò mai di ripeterlo: il problema che ci ha guidato ed animato era «noi e l'Italia», il progetto del Pds non nasceva dalla necessità di metterci in salvo dalle macerie di un muro in rovina ma dalla riconsiderazione dell'Italia, della sua realtà, della sua politica. Eravamo convinti che i cambiamenti del mondo avrebbero imposto cambiamenti radicali in Italia. E devo dire che l'unico uomo politico che, sia pure dopo di noi e su un versante completamente diverso e con atteggiamenti che abbiamo sempre combattuto, si era messo sulla stessa lunghezza d'onda era Francesco Cossiga. Anche lui aveva capito che la caduta del muro di Berlino era un problema centrale per il suo stesso partito e per la vita politica italiana. Io lo dissi sin dal primo momento: il muro faceva cadere anche quel muro interno alla società italiana che era lo

scudocrociato. Ero convinto che quel crollo in
mutamenti degli assetti internazionali come q
l'unificazione tedesca: lo spiegai alla prima
di Direzione dopo la Bolognina e poi purtroppo, per
mediare con posizioni meno radicali, contraddicemmo
questa convinzione nel documento col quale andam-
mo al congresso.

Credo che l'aver lavorato per un nuovo sistema politico, per una nuova organizzazione elettorale ed istituzionale del Paese, non sia stato un andar avanti per
slogan ma proprio la ricerca di un nuovo ordine intellettuale collettivo. Avevamo capito che per l'Italia la
fine dei blocchi coincideva con la fine di un equilibrio
di governo, di una rete di meccanismi di regolazione
dei rapporti tra i partiti, dei conflitti sociali, della distribuzione e destinazione delle risorse. Senza questa
convinzione, la svolta si sarebbe davvero risolta solo
in un cambio di insegne. Noi sapevamo invece che tutto
ciò comportava una ristrutturazione completa del rapporto tra politica e società, una ristrutturazione che
avrebbe reclamato una ridefinizione della politica nazionale. E io ripetevo ossessivo – vogliamo considerarlo uno slogan? – dobbiamo rinnovare noi stessi per permettere a tutti di rinnovarsi. Non eravamo ammalati
di autismo. Volevamo cambiare il Pci allo scopo di mettere, primi, in campo una nuova forza per dimostrare, iniziando da noi stessi, che l'innovazione era necessaria per tutti. Forse passeremo alla storia per questo: è stato il nostro contributo alla transizione, al passaggio ad una nuova fase della vita della Repubblica.

Vi sembra poco tutto ciò? Credo che i fatti dimo-
strino tutta la vitalità di quella visione culturale e di
quella scelta. La svolta non può essere ridotta ad un
atto di coraggio, nemmeno per i primissimi momenti.

Ho già citato la relazione alla Segreteria e alla successiva Direzione. In essa vi erano già le tre grandi linee che ci avrebbero ispirato nella fondazione del Partito democratico della sinistra: la democrazia integrale, la solidarietà come congiungimento di libertà ed uguaglianza, la liberazione umana come volontà di non rifluire in una visione debole della funzione della sinistra, come obiettivo supremo e permanente della grande rivoluzione non violenta nei rapporti umani e civili. Già in quella prima notte scrivevo che c'era bisogno di un partito democratico capace di coniugare gli ideali di socialismo e libertà. Già quella notte sostenevo che la discussione non poteva avvenire fra due formule contrapposte, l'unità socialista e il neocomunismo, per non continuare nella perenne e settaria divisione della sinistra. Nasceva di lì il salto, immediato, dal partito al Paese: l'obiettivo era mettere in moto un processo unitario della sinistra per sbloccare la situazione politica e togliere ogni alibi alla realizzazione di un sistema dell'alternativa.

Se penso a quel che successe pochi giorni dopo la svolta in Romania, a quel Natale tremendo e al fatto che anche chi non aveva capito la nostra scelta poteva uscire a testa alta, senza vergogna, e senza bisogno di strappare i simboli dalle proprie bandiere, potendo guardare all'Est come a qualcosa che non ci apparteneva più, se penso a tutto questo mi dico che giudicare la svolta senza valutare il dramma che vivremmo oggi se non l'avessimo fatta è veramente un'operazione antistorica. Non credo che si tratti di una discussione retrospettiva perché, se non si fanno i conti con quel passato, non si capisce nemmeno il presente. Le radici del nostro futuro sono lì.

Lei ha più volte detto che non si trattava di mettersi al riparo dal crollo del muro, perché con le realtà dell'Est il Pci aveva già fatto i conti. La svolta è lo sbocco naturale di quel lungo cammino che fece del Pci un partito «diverso» ed originale?

Io vedo più un elemento di rottura culturale. Enrico Berlinguer ha portato il Pci al massimo della sua potenzialità nella distinzione rispetto all'Est europeo. Ma non lo ha potuto ricollocare all'interno di una visione complessivamente diversa del sistema politico italiano. È giunto ad indicare – e questo è un suo merito storico – il male fondamentale della questione morale. Ma non ha portato il Pci sulla sponda che ha segnato la rottura genetica, culturale, del Pds, e cioè quella del passaggio ad un altro sistema. Forse allora sarebbe stato il caso di dare più retta a Ciriaco De Mita, che voleva la riforma del sistema elettorale. Quel salto era essenziale per determinare un superamento strutturale anche della questione morale ed io sono convinto che sono state proprio le resistenze a quell'ulteriore passaggio, le più dure e anche culturalmente le meno motivate, ad aver appannato la forza culturale della svolta. Non tanto l'impostazione iniziale.

No, non si può leggere la svolta in termini di puro continuismo. Anche se c'è un episodio che non ho mai raccontato pubblicamente, perché mi sembrava di cattivo gusto chiamare a testimone della mia battaglia politica chi non poteva più confermare. Anche Enrico Berlinguer si era posto il problema del nome. Eravamo in Sicilia, nel '74, per la campagna elettorale sul divorzio. Discutevamo in una stanza e, passeggiando avanti e indietro, Berlinguer mi disse: «Achille, Lenin cambiò nome al suo partito per molto meno di quel che abbiamo fatto noi per cambiare il Pci». Discutemmo

81

a lungo, scherzò anche sul nome che avremmo potuto scegliere. E quando io proposi timidamente, per non scostarmi troppo dal vecchio, «Partito comunista democratico» lui si mise a ridere e mi rispose: «Sarebbe come dire che non eravamo democratici prima». Più tardi ebbi modo di constatare che Berlinguer aveva toccato l'argomento anche con Francesco De Martino, allora segretario del Psi, ragionando sull'esigenza di un partito nuovo, unitario, della sinistra. E a De Martino Berlinguer aveva detto che, con Leonid Brežnev al potere, avrebbe dovuto subire una scissione troppo forte. Certo se quella scelta fosse stata fatta allora, e con un segretario come Berlinguer, la storia della sinistra sarebbe stata ben diversa e il craxismo avrebbe sicuramente faticato a sorgere.

Deve averle fatto un bell'effetto sentirsi proporre, quindici anni dopo e in pieno scontro sulla svolta, quel nome – «Partito comunista democratico» – da Aldo Tortorella che, a nome del «fronte del no», cercava di trattare un accordo in vista del Congresso di Rimini...

Sì, mi ha fatto effetto. Era il suo modo di accostarsi all'idea del cambiamento del nome ormai posta dal Congresso di Bologna e di ridurne il più possibile la portata. Quel giorno a Tortorella riferii scherzando la risposta che ebbi da Berlinguer.

Lei ha detto che la svolta non va letta in termini di continuismo, che con essa si è riusciti a fare quel che nemmeno Berlinguer riuscì a fare. Eppure, secondo Walter Veltroni il Pds oggi ha bisogno di riprendere i «pensieri lunghi» del segretario del compromesso storico e dello strappo. È d'accordo?

Credo che mai come nella svolta ci sia stata una ripresa di pensieri lunghi. Pensieri lunghi che furono sconfitti nel partito al quale fu consegnata di Berlinguer solo l'immagine del segretario per bene e integerrimo. La svolta, dopo un momento di appannamento, ha ripreso alcuni filoni del suo pensiero portandoli a maturazione. Ma ha saputo, anche e soprattutto, incamminarsi su binari totalmente nuovi per quel che riguarda il governo del mondo, lo sviluppo sostenibile, la nostra storia, le grandi categorie del pensiero socialista e liberaldemocratico, la collocazione dei cattolici nella società italiana.

Tra le critiche più ricorrenti alla svolta, c'è quella di uno sradicamento sociale del partito. Tant'è che uno degli obiettivi del Pds «dopo Occhetto» è proprio quello di ritrovare le radici nella società. È una colpa che ammette?

Ci sono dei momenti in cui il problema istituzionale e quello sociale si fondono in modo netto. Se non fosse così non si capirebbe, per esempio, la partecipazione plebiscitaria del popolo italiano ai referendum. E poi questa distinzione tra momento culturale, sovrastrutturale ed ideale, e momento degli interessi fa parte di un marxismo volgare per fortuna ampiamente superato nella tradizione italiana dal pensiero di Antonio Gramsci, che ha permesso ai comunisti italiani di avere una sensibilità ai problemi istituzionali e costituzionali tale da fare del Pci un partito nazionale. A differenza, ad esempio, del Pcf che quella sensibilità non aveva e che è regredito a rappresentanza corporativa e parziale della società. Io condivido in parte il valore di una espressione come «radicamento sociale» ma essa rischia di farci tornare indietro anche rispetto all'acquisizione gramsciana di blocco storico per la quale, appunto, gli uomini non sono divisi solo per le loro distinzioni sociali e di classe: interessi, valori e prospettiva politica nazionale sono organicamente collegati. Tornare alla spregiudicata idea di se stessi come rappresentanti di un radicamento sociale, chiudersi in quel recinto e concepire la politica come pura manovra fatta di radici da una parte e *ballon d'essai* verso il centro dall'altra, non solo rischia di non essere credibile su tutti e due i fronti, ma può essere solo il frutto di enormi errori culturali e di analisi. Primo tra tutti l'errata concezione del radicamento di ciascun individuo nella società italiana, la sua pluralità di rapporti. Solo la risposta progettuale può unificare figure diverse, può portare tanti individui in un progetto nuovo della sinistra.

Sta di fatto che il Pds ha perso presa, e voti, nelle zone della sua tradizionale forza operaia. Dove era «radicato nella società». Innanzitutto nelle fabbriche. Almeno questo sarà frutto di errori vostri?

Parliamo della mitica Sesto San Giovanni. Lì, negli anni Ottanta, c'erano ventiquattromila operai concentrati in quattro o cinque grandi fabbriche. Oggi saranno sì e no duemilacinquecento, e polverizzati in decine e decine di piccoli stabilimenti. Allora il problema non è il radicamento sociale: deve cambiare tutto, l'organizzazione certo ma anche e soprattutto la concezione stessa della politica, il suo linguaggio. Quei ventiquattromila operai, quindici anni fa, li avevi uniti nella politica, in fabbrica e in piazza. Oggi sono soli, isolati nelle loro case, seduti davanti al televisore.

Non ci sono più gli stessi operai, ormai latitano anche donne e giovani, altri gruppi tradizionalmente organizzati e militanti. Forse non sapete più parlare alla gente?

Fui io, negli anni Settanta e grazie alla frequentazione culturale con le femministe americane, a parlare della teoria della liberazione quando il partito era ancora fermo all'emancipazione femminile. Non lo dico per presunzione ma per spiegare che poi tutti ci siamo fermati nell'elaborazione culturale, più presi da problemi di quote e spazi garantiti che dalle tematiche femminili. Così del femminismo c'è rimasto solo l'*ismo* e molte donne, quelle in carne ed ossa, le abbiamo perse. Questo vale anche per i giovani. Il fatto è che invece di sentirci tutti come una carovana in marcia verso una nuova frontiera, prevalgono lo spirito da caserma e il sapor di sego.

Ma anche lei ha dovuto spesso rallentare, se non fermare, la marcia della carovana per mediare la rotta con chi la strattonava da una parte e dall'altra. Tipico – e il rilievo le è stato fatto spesso e anche da chi alla svolta aveva guardato con benevolenza – il nodo del rapporto col socialismo, dello sbocco da dare all'uscita dalla tradizione comunista.

Con la svolta, e poi con la Dichiarazione d'Intenti abbiamo superato in modo radicale l'idea che il processo storico fosse concentrato tutto attorno al passaggio da un sistema all'altro ed anzi ci eravamo sforzati di individuare un continuum nell'evoluzione della società. Il perno era nella nozione, già indicata da Enrico Berlinguer, della democrazia come valore. Ma avevamo fatto un ulteriore passo in avanti, individuando come obiettivo fondamentale di un partito che si ispira al socialismo, quello del movimento permanente della democrazia, del suo spostamento ed allargamento a tutti i settori della vita associata: la democrazia politica e poi quella economica, sino al concetto di libertà reale e non formale. Era la sintesi alta tra revisionismo gramsciano – la continua conquista delle casematte della società civile – e l'impostazione di Eduard Bernstein per cui il movimento è tutto e il fine nulla. Bisognava abbandonare l'idea che si dovesse passare da un mondo totalmente chiuso, quello del capitalismo, ad un altro mondo egualmente chiuso, il socialismo, come se il passaggio fosse da una scatola ad un'altra, da una stanza ad un'altra. Per questo con la svolta parlavo di costituente, di contaminazione tra culture diverse. Senza questo salto teorico e culturale saremmo davvero rimasti fermi agli slogan.

Il ragionamento vale anche per la collocazione del nuovo partito e della costituente al di fuori della scelta tra comunismo e socialismo: non si trattava di scegliere tra quelle due tradizioni ma di superarle entrambe. Con l'Internazionale socialista al massimo sviluppo delle sue possibilità ed il craxismo imperante, pronto a raccogliere i frutti del crollo del comunismo, questa mia affermazione fu accolta con grande ironia. Fu sbeffeggiata come «oltrismo». Mi dipinsero come strattonato tra due estremi, mi invitarono a scegliere con determinazione tra l'uno e l'altro. Ma la mia non era né mediazione né incertezza o centrismo. La storia si è incaricata di darmi ragione, e quella posizione a poco a poco fu compresa da tutti i partiti socialisti europei. Mi ricordo che, prima del nostro ingresso nell'Internazionale socialista, ebbi un importante colloquio con Pierre Mauroy, allora segretario del Partito socialista francese. Alla fine, nella dichiarazione congiunta affermavamo che, dopo il crollo dei Paesi dell'Est, non si trattava di abiurare, ciascuno, le proprie tradizioni ma di inventare qualcosa di nuovo. E Mauroy fece sua la mia espressione «andare oltre». Lo stesso tentativo francese di Big Bang si ispirava alla nostra idea di costituente. Come il ripensamento in tutti i Paesi europei del rapporto fra tradizioni socialiste, ecologiste e di sinistra.

Oggi sono convinto che la nostra elaborazione ci metta nella condizione ideale e morale di farci promotori di un allargamento della stessa Internazionale socialista, che può diventare non dico una Internazionale democratica di sinistra – sarebbe presuntuoso – ma sicuramente l'Internazionale socialista e delle forze democratiche e di sinistra. Insomma, la nostra premessa culturale è talmente debole... che possiamo persino darci l'ambizioso compito di contribuire a riformare l'Internazionale socialista.

Lei ha detto più volte che la svolta non era la risposta alla crisi dell'Est ma al cambiamento del mondo che essa imponeva. Eppure la storia appassionante e tragica della fine di quel sistema a cui avevate per tanti anni fatto riferimento ha influenzato, eccome, la vostra decisione. Ricordo che nell'ottobre dell'89, appena un mese prima della caduta del muro, lei andò a Budapest per sentirsi dire che il Partito comunista ungherese stava per cambiar nome e chiedere di essere ammesso all'Internazionale socialista. Avete rischiato persino il sorpasso. Quella è stata o no una spinta ad accelerare il processo?

Non c'è dubbio. Se non altro perché i viaggi che feci in quell'anno turbolento mi diedero la prova di uno sgretolamento progressivo ed inesorabile dell'Est, della sua irriformabilità, che evidentemente non era chiara ancora a tutto il Pci, altrimenti la svolta sarebbe stata abbracciata con maggiore entusiasmo e all'unanimità. L'idea del passaggio da un comunismo autoritario ad un socialismo democratico era ormai del tutto impraticabile. Si stava determinando, invece, una implosione. È chiaro che si imponeva una accelerazione, che la scelta dei tempi era determinante e che l'innovazione andava calcolata al millimetro salvo fare la figura degli ultimi arrivati. Non a caso la proposta della svolta, alla prima riunione di Direzione dopo la Bolognina, fu accompagnata dalla proposta di adesione all'Internazionale socialista.

Sin qui ha spiegato che il Pci aveva già fatto i conti con la realtà dell'Est, che aveva le carte in regola per presentarsi davanti al consesso occidentale. Eppure buona parte dell'89, prima del muro, è caratterizzata dai suoi viaggi internazionali per perorare la causa del vostro ingresso nell'Internazionale socialista. Era o no il salvacondotto per cancellare quel vizio d'origine?

Sicuramente quell'ingresso aveva un valore simbolico. Significava la rottura con la vecchia tradizione internazionalista comunista dalla quale avevamo solo preso le distanze con Enrico Berlinguer e il suo «strappo» da Mosca. Anche se – prima con Natta al diciassettesimo Congresso di Firenze, e poi con me al diciottesimo, a Roma – ci eravamo già dichiarati «parte integrante della sinistra europea», ora si trattava di compiere un atto più forte. Atto che fu preceduto, dopo le elezioni europee dell'89, dalla decisione di non costituire più a Strasburgo il gruppo parlamentare con i comunisti «ortodossi»: nacque un gruppo autonomo al quale lavorò con impegno Luigi Colajanni, che ne fu presidente, prima di diventare – in seguito alla fusione – vicepresidente del gruppo socialista europeo.

Quello segnò un passo avanti nel processo costruito con una serie di importanti incontri internazionali. Ho già ricordato quello con Mauroy. Insieme a Giorgio Napolitano ne avemmo uno di grande rilievo con Willy Brandt: rimasi impressionato per l'apertura che dimostrò nei nostri confronti, per la nostra capacità di innovazione, per l'apporto originale di idee che potevamo dare all'insieme della sinistra europea.

In tutti quegli incontri, sempre a proposito di spessore culturale, sottolineavamo quale sarebbe stato il nostro apporto originale alla tradizione dell'Internazionale: la necessità di coniugare proprio quella tradizione socialista e il pensiero liberaldemocratico, l'acquisizione delle componenti più moderne del neoliberalismo sul terreno della rivalutazione dei diritti di cittadinanza. Tema al quale si è con tanta passione dedicato in questi anni Stefano Rodotà.

Non va dimenticato che, sul piano dell'impostazione concettuale, noi facemmo emergere con la Dichiarazione di Intenti il concetto di un nuovo internazionalismo planetario per sottolineare l'esigenza che la sinistra si rendesse capace di rispondere a un interesse generale dell'umanità. In questa prospettiva dicevamo che la sinistra doveva assumere, non solo come principio morale ma come vincolo e obiettivo politico, l'affermazione del valore della vita. Diveniva essenziale la piena coscienza della responsabilità di ciascuno e di tutti di fronte al diritto alla vita di ogni altro vivente. La ricollocazione della soggettività femminile e della cultura ecologica ci permetteva di porre uno spartiacque alla cultura della modernità che, senza una visione alta delle relazioni tra gli uomini e del loro rapporto con la natura, non conduce ad uno sviluppo progressivo ma ad una vera e propria crisi di civiltà.

89

Rapporti così distesi e positivi a livello europeo contrastavano in modo clamoroso con la rissa che viveva la sinistra italiana, con la guerriglia giornaliera combattuta con Bettino Craxi che quell'ingresso nell'Internazionale ha tentato di impedire per quanto ha potuto. Craxi aveva capito che era la patente che vi serviva per guidare il Pci verso il governo?

Non c'è dubbio che Craxi osteggiò per questo il nostro ingresso. Anche ciò faceva parte dell'opera di freno nei confronti della svolta. Temeva che nascesse un partito collegato all'Internazionale in grado di realizzare la politica socialista e di alternativa abbandonata dal Psi che lui aveva portato sul terreno dell'azione corsara, del ricatto a sinistra e al centro. Lui sperava di sventare quel pericolo costringendoci all'unità socialista, magari per la tappa intermedia di un patto tra Pds da una parte e Psi e Psdi uniti dall'altra. Così sarebbe stato lui a mediare, in nome dei tre partiti, il rapporto con l'Internazionale. Io mi opposi a quel disegno e, grazie anche alla diplomazia, segreta e non, di Piero Fassino su tutto lo scacchiere internazionale, guadagnammo la maggioranza dei consensi nell'Internazionale. Sino ad isolare l'opposizione di Craxi. Secondo lo statuto dell'Internazionale, un partito può essere ammesso se presentato dagli altri partiti socialisti del suo Paese. Dopo il sì dei socialdemocratici italiani si rassegnò persino Craxi. Ma fino all'ultimo momento alcuni suoi rappresentanti nelle riunioni dell'Internazionale tentarono di dilazionare l'iscrizione. Furono messi in minoranza e il nostro ingresso al Congresso di Berlino fu accolto calorosamente da parte di tutti. Credo che quell'atto pose una pietra miliare nella costruzione di una sinistra nuova in Italia.

Una tappa dello «sdoganamento» del Pci fu il viaggio in America. Era il maggio dell'89. Anche a New York e a Washington le chiesero del nome?

A dir la verità ricordo che, con mia grande sorpresa, il primo duro attacco lo ebbi da sinistra, dai radicali americani – sicuramente più estremisti di Armando Cossutta – che mi contestarono su posizioni marxiste ortodosse. Risposi che per me era più importante portare i lavoratori a rappresentare una alternativa effettiva piuttosto che scaldare il cuore di qualche intellettuale che recitava la parte dell'eterno contestatore nei salotti buoni. Finì con un grande applauso e una simpatica cena. Comunque, sì, anche negli Stati Uniti mi chiesero del nome. E io rispondevo sulla base di quel che avevamo detto al diciottesimo Congresso, appena chiusosi, dal quale era uscito il «nuovo Pci». Anzi, ricordo che la conferenza alla New York University – quella dove fui contestato dai radicali – era presentata, sulla locandina bianca e rossa, col titolo *The new italian communist party*. E l'interesse americano – dei redattori del «Washington Post», di David Rockefeller col quale ebbi una lunga conversazione sulla politica internazionale, dei parlamentari democratici – era per il «nuovo Pci». Mi chiedevano del nome e io spiegavo che il cambio non poteva nascere da una richiesta esterna di abiura ma solo da una riorganizzazione della sinistra. Fu quel che dissi anche, un mese dopo, durante la campagna elettorale europea quando, di fronte all'orrore di piazza Tien An Men, la polemica contro i «comunisti» tornò durissima. Allora, come in occasione delle ultime politiche e la crociata di Silvio Berlusconi contro i «comunisti», ebbi nettissima l'impressione che in fondo la miopia portasse i conservatori ita-

91

liani a preferire davvero, piuttosto che una moderna forza riformista, la sopravvivenza di un partito «comunista» concepito come riserva consociativa, a disposizione del centro per i suoi cauti spostamenti verso sinistra.

Ha detto e ripetuto che il «nuovo Pci» che stava per diventare Pds si presentava «non col cappello in mano» ma portatore di una nuova concezione del socialismo. Ma, dopo il muro, ha ancora senso parlare di socialismo?

Certamente è una parola che va affrontata in modo problematico. Fin dall'inizio abbiamo detto che non era giusto sbarazzarsi di tutto ciò che tale parola evocava nella storia della sinistra europea ma che essa doveva essere riabilitata ed in una certa misura rifondata. Capimmo subito che il crollo dell'Est si riverberava su tutto il movimento dei lavoratori come un problema universale. Proprio per questo ritenevamo che non reggesse più il tentativo di giustificare il socialismo europeo con il rifiuto di pagare al miraggio dell'uguaglianza il tributo della libertà. Il problema ormai si presentava prima di tutto come esigenza del superamento di quella contrapposizione tra libertà ed uguaglianza che aveva tragicamente contrassegnato il nostro secolo. Si trattava di una questione di formidabile portata.

Il problema di una coscienza socializzante nel Duemila è in sostanza questo. Se oggi dovessi dire quale potrebbe essere la nostra funzione in un orizzonte più ampio rispetto allo stesso Pds, direi che, sulle orme delle grandi ispirazioni di Willy Brandt e Olof Palme, dovrebbe essere quella di identificare una nuova linea di ricerca sui problemi lasciati aperti sia dal fallimento del socialismo reale sia dai limiti del secolo socialdemocratico. Il dibattito in corso in Italia è molto al di qua di tale esigenza. C'è la tendenza tutta provinciale ad omologare la questione socialista alla crisi del craxismo, che porta ad una sorta di indifferenza nei confronti del socialismo europeo proprio nel momento in cui negli Stati Uniti uomini come Bill Clinton guardano con interesse all'apporto peculiare che tutta l'Europa ha dato alla democrazia mondiale, apporto fondato sul solidarismo dello Stato sociale.

Ma oggi quella vecchia concezione dello Stato, con tutte le prospettive collettivistiche della tradizione marxista, è entrata anch'essa in crisi.

È vero, il programma massimo della tradizione del socialismo marxista era nei suoi tratti fondamentali finalizzato all'obiettivo di eliminare lo sfruttamento attraverso la necessaria abolizione della proprietà dei mezzi di produzione e una pianificazione politicamente consapevole. Se andiamo bene a vedere, lo stesso dibattito che si era acceso all'interno delle varie correnti del socialismo europeo non metteva sostanzialmente in dubbio l'obiettivo di fondo (la liberazione dallo sfruttamento attraverso una economia saldamente regolata), quanto i mezzi necessari per realizzarlo. La cultura della svolta ci permise di comprendere come la fine del socialismo reale avesse messo in discussione il nucleo centrale di quel programma che distingueva socialdemocrazia e comunismo sostanzialmente solo per i mezzi – dittatura del proletariato, via democratica – ma prefigurando lineamenti molto simili di una società socialista. Questo è il fondamento teorico che ci fece dire che il problema non era passare dalla tradizione comunista a quella socialista ma che occorreva porre mano a una rifondazione e riorganizzazione dell'idea stessa di società solidaristiche in contrapposizione alle attuali evocazioni neoliberiste. Sorge di qui l'esigenza di un'opera creativa collettiva per la realizzazione della quale non sarà sufficiente il pensiero di un solo uomo e forse nemmeno di una sola generazione.

È possibile mettere già a fuoco alcune discriminanti di fondo, da considerare il frutto della svolta?

L'esperienza di questo secolo, il fallimento di un progetto grande e terribile come quello che abbiamo alle spalle ci dice, tra tante altre cose, che non si può guidare dal centro e al di fuori di certe regole del mercato l'insieme dell'economia di un Paese. Ma non ci si può limitare a immettere i valori della solidarietà nei processi economici in corso. Tale ipotesi, che fisserebbe come eterna la realtà attuale, ha il grave difetto di non vedere che la necessità di fare i conti sia con il lascito drammatico del socialismo reale sia con la crisi del secolo socialdemocratico non esime nessuno dal farli anche con la storicità del capitalismo e del mercato. Per la cultura della svolta rimaneva quindi aperto il problema della permanente riorganizzazione dei rapporti sociali ed umani. Proprio per questo l'obiettivo di un rinnovato pensiero della sinistra non può essere quello di invocare la solidarietà dei forti verso i più deboli.

E quale sarebbe il limite di una simile solidarietà?

Ci troveremmo dinnanzi ad una sorta di solidarismo apologetico che mantiene di fatto inalterati gli attuali rapporti di dipendenza. Il progetto del futuro si incardina su un nuovo pensiero democratico che fa sua l'esigenza di superare il solidarismo caritatevole per risolvere alla radice il tema della ridefinizione delle *chances*, delle pari opportunità e della riorganizzazione dei poteri. Per questo noi vedemmo, a differenza di altri, e in piena orgia neoliberista, che il problema centrale era quello di un continuo spostamento in avanti della frontiera democratica introducendo, all'interno dell'attuale società, elementi di socialità capaci di rispondere all'insopprimibile esigenza di guidare gli stessi meccanismi di mercato verso obiettivi di trasformazione strutturale. Una sinistra aperta, progettuale, che non sia solo «contro», non può limitarsi a evocare la propria capacità e volontà di governo ma, per essere credibile e non una semplice succursale del neoliberismo italiano, deve affrontare questa scommessa storica.

Ma, in sintesi, in che modo la cultura della svolta risolve il rapporto tra solidarietà e nuovo individualismo?

Se dovessi compendiare l'idea della svolta, direi così: il fallimento tragico di un'idea affascinante che ha in vari modi accompagnato il corso delle società dell'uomo, cioè l'idea comunista, ha dimostrato che non si possono risolvere i problemi dello sfruttamento, come si diceva una volta, e tanto meno quelli dell'alienazione sottoponendo l'intera economia ad una regolazione centralizzata delle risorse. Tuttavia non ci può essere pensiero moderno della sinistra che, per quanto rinnovato, possa evitare di fare i conti con le tragiche differenze che vengono generate dalla diversa collocazione di ogni singolo uomo rispetto ai rapporti sociali e all'interno dell'attuale divisione del lavoro. Questo rimane il problema insoluto e insieme il messaggio centrale di un nuovo progetto che sia contemporaneamente liberaldemocratico e di socialismo rinnovato.

In che rapporto si poneva, allora, la cultura della svolta con la tradizione marxista?

Il discorso si farebbe troppo lungo. Voglio solo ricordare che l'impianto vitale, non quello caduco, del marxismo non conduceva necessariamente verso l'ipotesi della statalizzazione integrale, bensì – a partire dalla critica all'alienazione – all'idea sia pure utopica della socializzazione. Questa idea, che era centrale nella svolta – altro che basso profilo culturale! –, è il pilastro portante della ridefinizione dei rapporti tra pubblico e privato a tutti i livelli, compresa la possibilità di aprire un discorso sincero e non strumentale con il mondo cattolico.

Prima il pellegrinaggio europeo per essere ammessi nell'Internazionale, poi il viaggio negli Usa. Alla diplomazia di Botteghe oscure non è riuscito invece di farle incontrare il papa.

A dir la verità non chiedemmo udienza. Invece, dopo la svolta, io e Massimo De Angelis, incontrammo il cardinal Ugo Poletti, vicario di Roma. Mi ricordo che capì tutta la passione con cui vivevamo quello scontro interno. Anzi, mi raccontò degli scontri duri che avevano contrassegnato anche il Concilio Vaticano II. E quando io gli dissi della mia sofferenza personale, lui trovò – come solo i cattolici sanno trovare – parole di grande conforto: spesso – mi disse – gli innovatori devono soffrire molto più dei conservatori. Discutemmo del ruolo della Chiesa, dell'aborto, della scuola, ponendo il nodo del rapporto tra pubblico e privato superando la nostra vecchia pregiudiziale ma sottolineando che il confine invalicabile era il rispetto del dettato costituzionale, dei limiti della politica e della libertà di coscienza.

A questo proposito e ancora in tema di debolezza culturale, c'è un altro aspetto rilevante della nostra impostazione. È quello del limite della politica. Limite rispetto alla coscienza e a tutte le espressioni della vita individuale, limite rispetto alle espressioni artistiche e culturali, limite rispetto alle istituzioni. Partendo da quel limite, la politica torna al suo senso etimologico dell'interesse generale per la vita della polis, come espressione articolata e ricca di organizzazione e autoorganizzazione. La politica non è la politica dei partiti ma l'incontro tra essi e le altre espressioni della vita associata. È solo così che si può uscire dall'idea del *totus politicus*, della politica come professione.

See also Berlinguer

Ed è questa visione del limite della politica che ha permesso di affrontare per la prima volta il capitolo del rapporto con i cattolici non più in termini di dialogo tra potenze in sé conchiuse, come era stato in parte posto dal Pci, ma con una dialettica viva, aperta, permanente, non ossificata dentro il rapporto diplomatico, sia esso pacifico o conflittuale, tra grandi potenze che raccolgono le proprie anime nei loro schemi organizzativi. Così al Congresso di Rimini abbiamo potuto porre il problema della collocazione della Chiesa in un sistema politico dell'alternanza: dicemmo che la Chiesa non poteva trovarsi al governo o all'opposizione a seconda delle fasi politiche, e che quindi ad essa andava garantita non solo l'ovvia libertà di espressione ma anche la concreta possibilità di compiere la sua missione. Il concetto del limite della politica e la fine del consociativismo che delegava alla Democrazia cristia-

Chiesa and PDS in Rimini

na questa funzione di garanzia e rappresentanza, ci permetteva di assicurare alla Chiesa non solo il suo spazio spirituale ma la possibilità di testimonianza cristiana nella vita sociale e politica del Paese. Se questo vi par poco!

Veramente sembra poco al Pds, visto che il dibattito sulla fragilità culturale è stato riaperto, quasi cinque anni dopo la Bolognina, al Consiglio nazionale che ha eletto il suo successore. Evidentemente, o l'impianto culturale era effettivamente leggero, o quella cultura della svolta non è stata metabolizzata dal partito. Dov'è la verità?

No, non credo che paia poco al mio partito. Penso che, innanzitutto, la polemica in Consiglio nazionale sia stata forzata e finalizzata a raccogliere, comunque in modo scorretto, consensi fra loro diversi. E poi credo che si debba tener conto di cosa sono stati gli anni dopo la svolta. Capisco che oggi la vecchia cultura della realtà storica sia superata dalla cultura dei mass media, dove la logica è binaria, e la memoria è quella dell'ultima trasmissione televisiva. Ma è bene ricordare che quelli sono stati anni di ferro e di fuoco, oserei dire eroici, in cui giorno per giorno abbiamo fronteggiato problemi acutissimi e situazioni di emergenza. Anni irripetibili ed incredibili. Crollavano sistemi ed interi Paesi. Oggi può apparire sfocato nel ricordo, ma noi abbiamo dovuto scegliere in pochi minuti la posizione da assumere di fronte ad un colpo di stato in Urss, all'ammainamento di una bandiera attorno alla quale le coscienze di intere generazioni si erano raccolte. Abbiamo dovuto scegliere tra guerra e pace nel sussulto della vicenda del Golfo. In Italia avevamo come avversario il Caf e l'opposizione durissima di Craxi al pieno esplicarsi di tutte le potenzialità della nostra scelta. Dovevamo fare i conti con le esternazioni di un presidente della Repubblica come Cossiga, espressione esso stesso della crisi del sistema politico, che con le sue picconate rischiava di scrivere una pericolosa costituzione materiale. Abbiamo dovuto difendere il nostro onore di fronte al tentativo di coinvolgerci in Tangentopoli. Ogni giorno era dominato dal problema politico rilevante che nient'altro era se non il sussulto del vecchio ed il parto difficile del nuovo. Si trattava di decidere in pochi attimi perché nelle fasi di transizione – ed è una lezione che affido con tranquillità ai miei detrattori – sbagliare il tempo della scelta può essere altrettanto grave che sbagliare il contenuto della scelta. E poi, vorrei ricordare che chi sbaglia può andare sempre soggetto alla verifica democratica. Nel Pds tutti hanno sempre avuto modo di farlo, in qualsiasi momento. Cosa che non è avvenuta nel Psi che infatti ha fatto la fine che tutti conosciamo. Cosa che non avviene nei partiti che si sono presentati come nuovi sulla scena politica italiana.

Fatto sta che la cultura della svolta, evidentemente, non ha contagiato tutto il partito.

Forse proprio la durezza di quegli anni, la necessità di ribattere colpo su colpo e giorno per giorno, hanno fatto assorbire meno quei valori, hanno impedito che diventassero pienamente coscienza collettiva. Ma quei valori erano ben presenti nelle scelte del gruppo dirigente che, un po' per la drammaticità della fase e un po' perché in diverse occasioni si trovò in minoranza, non poteva che procedere per strappi successivi.

È il rimprovero più duro che le è stato fatto. Proprio l'aver procceduto per strappi, in maniera verticistica e leaderistica, senza permettere una riorganizzazione e crescita collettiva del partito.

PCI/PDS and revolutionisation of its own

Che in quella fase di rivoluzionamento permanente ci fosse qualcuno che con tranquillità burocratica potesse pensare di riorganizzare scrivanie e pennini come in periodo di pace, stupendosi di non ritrovare l'ordine dei lunghi periodi di bonaccia della guerra di posizione che ha contraddistinto nel passato la politica italiana, depone solo a sfavore dell'intelligenza di chi è riuscito a passare in mezzo al frastuono di questi anni senza rendersi conto che si trattava di una rivoluzione. Anch'io ero convinto che alla fase del fuoco dovesse seguire una fase organizzativa per raccogliere le forze, prender coscienza e prepararci a nuove battaglie. Ma in questi anni abbiamo dovuto scegliere e decidere con rapidità. Vincendo resistenze esterne ed interne. E quando parlo di resistenze interne non voglio fare una polemica astiosa. Anzi non voglio proprio fare polemica. Le resistenze sono parte fisiologica dello scontro politico, ed anzi a volte ti permettono di non fare errori sul terreno del nuovismo. Ma proprio riconoscendo il valore di quello scontro, dico che, imputare i risultati negativi prodotti da queste resistenze a chi aveva il compito di guidare l'innovazione, è un'operazione illegittima sul piano culturale e ingenerosa sul piano morale.

3

RIMINI, CRAXI CON L'ELMETTO
E LE SQUADRE CON LE MAGLIETTE

«Sono più, o Lucilio, le cose che spaventano,
che quelle che fanno effettivamente male.»

SENECA

Ripercorrèndo la storia della svolta lei ha detto di aver procedu-
to con successivi strappi per rispondere al tumultuoso incalzare
degli eventi ma anche per vincere le resistenze intestine e risolve-
re veri momenti di sconfitta interna. Vogliamo raccontarla la
storia di questi anni di scontro, per molti versi tutto sottotraccia
e mai uscito alla luce del sole? Fu vero leaderismo? A Botteghe
oscure ha regnato per cinque anni una piccola oligarchia che og-
gi è stata spazzata via?

Per quel che riguarda la democrazia interna, io distin-
guerei due fasi nettamente diverse. La prima, e ne abbiamo già accennato, ci ha portato al Congresso di Bologna ed io la considero uno dei momenti più alti del
confronto democratico che ha coinvolto non solo tutto
il corpo del nostro partito ma l'intero Paese. Ho sempre rivendicato il fatto che in una vera democrazia esista il diritto di proposta. Quel che fa la differenza tra
una democrazia effettiva ed una oligarchia e l'autoritarismo è la verifica democratica. Ora, nessuno può dirmi che la svolta non sia stata sottoposta ad una verifica democratica senza precedenti nella storia del Pci.
La Segreteria, poi la Direzione e il Comitato centrale,
infine due congressi. Enrico Berlinguer, prima per il

compromesso storico e poi per lo strappo da Mosca, non ebbe la stessa possibilità di verifica.

Io ero convinto che con Bologna, e l'ho già detto, si potesse chiudere la fase dello scontro. E ne ero tanto convinto che giunsi ad affermare che se io – che avevo provocato tante sofferenze e tanti dolori – ero l'ostacolo al ritorno alla normalità, al superamento di una tensione così forte, ero pronto a farmi da parte. Lo spiegai nelle conclusioni al congresso: «Voglio dire con tutta franchezza che se si ritiene che la ricostruzione di un clima unitario, che per noi non vuol dire annullamento delle differenze ma responsabilità collettiva e un reciproco rapporto di fiducia nella chiarezza della scelta congressuale, che è quella di dar vita ad una nuova formazione politica, se si ritiene – dicevo – che la ricostruzione di un clima unitario sia in qualche modo ostacolata dalla nettezza con cui ho cercato, senza tensioni polemiche, di sostenere un'idea politica, ebbene il partito ha la possibilità e il dovere, anche a questo proposito, di scegliere nella chiarezza». Invece Natta ed Ingrao vennero ad abbracciarmi ed io mi convinsi che la guerra era finita. Ne ero convinto allora, figuriamoci dopo Rimini. Per me a quel punto chi aveva deciso di rimanere dentro il Pds doveva avere l'unico obiettivo di costruire e rendere forte il partito. La scissione era ormai consumata e oggi voglio dire pubblicamente che preferisco chi, di fronte a una proposta, dice lealmente e alla luce del sole di voler imboccare un'altra via.

Invece, la guerra a Botteghe oscure non era finita. È continuata ed è stata evidentemente una guerra clandestina. Secondo Alberto Jacoviello «tutto il tempo della segreteria Occhetto è stato caratterizzato da una guerriglia incessante condotta contro di lui

da settori opposti del partito, Pci prima Pds dopo» e quella guer-
riglia «ha continuato ad erodere la sua guida nonostante che i
suoi capi fossero privi di una proposta politica e programmati-
ca alternativa». Era davvero questo il clima a Botteghe oscure?

Molto probabilmente cominciò allora, accanto al naturale e giusto dibattito tra diverse posizioni politiche,
anche un lavorio che aveva come obiettivo quello di
indebolire la funzione, la figura del segretario. Le correnti erano trincerate, la battaglia si faceva sulla più
piccola cosa, e per posizioni precostituite e chiuse al
confronto e alla sintesi. Nella stessa maggioranza si apri-
vano dei varchi a far da ponte ad ogni tensione. Sono
pronto a riconoscere anche responsabilità mie: venivamo dal centralismo democratico e non eravamo abi-
tuati al sistema delle correnti. Io stesso, pur sentendo-
mi un innovatore, vivevo questa situazione come un
fatto estremamente lacerante.

E lei ha risolto la questione impugnando la guida del partito
con piglio leaderistico...

Quella del leaderismo è stata la formula magica con
cui si è spiegato tutto, la soluzione d'ogni nostro problema. Sia chiaro che io le mie responsabilità le rico-
nosco. Prima tra tutte, la più grave, quella di non aver
fatto emergere con chiarezza le diversità di interpretazione della svolta all'interno della stessa maggioranza,
così che i miei interlocutori fossero costretti a porre problemi di piattaforma e si potesse avere un confronto
limpido e aperto anche all'interno della maggioranza.
Sarebbe servito a me, per confrontarmi e migliorare
la mia ricerca, ma anche ad altri per non ridurre la dialettica politica a piccoli, millimetrici spostamenti e smar-

camenti rispetto alla posizione del segretario: elementi
di diversità puramente simbolici che, messi insieme,
non facevano una proposta politica ma servivano a ri-
conoscersi come componente nella componente di maggioranza.

*La squadra con le magliette di cui ha parlato D'Alema il gior-
no dell'elezione...*

Sì, la squadra con le magliette. Magliette che non cor-
rispondevano ad una piattaforma politica.

*Andando alla Bolognina ha ripetuto ai partigiani il discorso
di Gorbaciov ai veterani. E nelle sue Note di viaggio ha ben
descritto l'impressione che le fecero i diversi approcci al nuovo
del capo della perestroika e del conservatore Ligaciov. Di Gorbaciov, alla fine, ha condiviso il destino della sconfitta maturata dentro il partito. E allora possiamo dire chi è il suo Ligaciov, l'alleato-nemico rappresentante della conservazione?*

La cosa che forse accomuna me e Gorbaciov è che il
nostro strappo ha riaperto nel partito la discussione su
fatti e innovazioni che evidentemente non erano avve-
nuti attraverso le necessarie chiarificazioni. Nelle sezioni si capiva che c'erano compagni che ancora non
avevano digerito scelte di Togliatti, Longo, Berlinguer.
Dissensi che erano rimasti sottopelle e che sono venuti
allo scoperto quando si è trattato di metterci radicalmente in discussione. Quanto al mio Ligaciov, non mi
interessa fare nomi. Magari lo lasciamo individuare ad
un nuovo sondaggio del «Venerdì di Repubblica». Potremmo invece parlare di «categorie dello spirito». Anche perché i no alla svolta furono diversi tra loro. C'e-
ra certamente un no «conservatore» che non voleva ab-

bandonare la vecchia sponda della tradizione comunista. Ma c'erano anche dei no per me incomprensibili. Ad esser sincero, mi sono in parte stupito di non avere avuto al mio fianco un uomo come Pietro Ingrao, che certo non è un Ligaciòv: posso aver commesso degli errori nei suoi confronti, forse avrei potuto impedire quella rottura, ma ero sicuro che l'avrei avuto magari come coscienza critica, da sinistra, nella battaglia per la svolta. Invece è riconducibile alla categoria dello spirito ligacioviana quella fetta di partito – non tutta necessariamente collocata tra i no alla svolta ma ben presente anche tra i sì – che non era disponibile a mettersi in cammino dentro una carovana che la portasse lontano dai lidi conosciuti e verso nuovi confini.

Parlando del Congresso di Bologna, e del suo pianto liberatorio, ha detto che era stato scatenato non tanto dall'abbraccio di Pietro Ingrao quanto da quello di Alessandro Natta. Perché?

Natta mi aveva voluto prima come coordinatore e poi come vicesegretario. E avevo colto nella sua opposizione una amarezza particolare e personale che speravo si potesse risolvere in quell'abbraccio. Insomma, pensavo che da quel momento si potessero ricucire un rapporto ed una collaborazione.

Invece, non solo Natta è rimasto all'opposizione, ma in seguito, dal suo esilio in Liguria, ha avuto parole dure, addirittura sprezzanti nei suoi confronti. Se lo aspettava?

Sono state vicende alterne. Natta ha seguito con una certa simpatia tutta la fase della formazione del governo Ciampi. Ma è vero che poi ha dato giudizi sicuramente non benevoli.

*il frutto di una rivalsa nei suoi confronti, visto che
... ad accelerare la successione alla Segreteria, «approfit-
tando» della malattia da cui Natta era stato colpito...*

Comprendo tutta l'amarezza di Natta per quella vicenda. Ma io non ho nulla da rimproverarmi. E non ho
accelerato nulla, figuriamoci poi se ho complottato. Che
lui stesse male era indubbio e decidere se la responsabilità di un incarico così oneroso avrebbe potuto ag-
gravare le sue condizioni dipendeva solo da lui e dai
medici. Prevalse una campagna esterna alla quale io
– Natta lo ricorderà – ho risposto sempre con nettezza, addirittura con furore quando, ad esempio, fu pubblicato *Nattango* sull'«Unità». Quella sul Pci era una
pressione fortissima, iniziata già nell'ultima fase della
segreteria di Berlinguer. Una pressione crudele e collegata ad un declino che certo non si poteva addebita-
re a Natta. Il declino era figlio di una vicenda storica
e da questo punto di vista la svolta spersonalizzava le
responsabilità di questo o quel compagno, proprio perché collegava direttamente i nostri problemi al mutamento del mondo. Nessuno, naturalmente me compreso, avrebbe potuto risollevare le nostre sorti senza quello
strappo. Forse Natta non ha compreso il carattere del
tutto sincero ed aperto dei miei rapporti con lui.

*Dopo Bologna, Rimini. Quel congresso doveva essere l'epilogo
felice di un anno e mezzo di lavoro. Invece si svolse in un clima
allucinato. Che ricordo ne ha?*

Certamente meno bello di quello di Bologna. L'errore
fondamentale è stato accettare di dividere in due momenti un processo che poteva avere il suo coronamen-
to già a Bologna. Le cose sarebbero andate decisamente

meglio se il Pds si fosse trovato in campo già un anno prima. Invece quei dodici mesi non sono stati segnati dalla costruzione del partito ma dal continuo mettere in discussione la scelta primaria. E così, a Rimini siamo arrivati fiaccati e ripiegati su noi stessi. Senza contare che sul congresso incombeva l'ombra certo non gioiosa di una scissione.

Per colmo di sventura, poi, Bettino Craxi non era in declino ma al massimo della sua potenza e bastava una sua smorfia perché una mia relazione di cento pagine fosse uccisa dal titolo «Craxi boccia Occhetto». E un pezzo del partito, come una buona parte della stampa, accreditava l'idea che il Pds dovesse nascere per finire nelle braccia di Craxi. Cominciò la litania del con chi stai, con chi vuoi andare? Con Craxi o con chi vuol rimanere comunista? E venivamo giudicati come centro mediatore tra due ipotesi, non come portatori di un progetto originale e diverso.

Vuole negare la funzione di stimolo che Bettino Craxi ha avuto sull'evoluzione riformista del Pci?

Tutto si può dire di Craxi tranne che non fosse un politico intelligente: svolgeva un ruolo permanente di interdizione, con grossolani interventi di liquidazione nei miei confronti, perché aveva capito la portata della svolta e la temeva come l'evento che avrebbe potuto interrompere la marcia trionfale che nei suoi piani avrebbe dovuto condurlo nel '92 al sorpasso e all'inglobamento della riserva comunista nell'unità socialista. Da una parte cercava di depotenziare la svolta, dall'altra accarezzava e vezzeggiava l'idea di una scissione a sinistra. Non c'è dubbio che tra gli attacchi di Craxi e le diverse posizioni interne si creò una sinergia che rese difficilissimo il nostro cammino.

Davvero la pressione socialista non influenzò il cammino del Pci?

È servita più in generale la pressione delle forze democratiche, anche cattoliche, verso il Pci. Fu uno scambio, ed una reciproca influenza, cominciata già nell'immediato dopoguerra al tempo della Costituente. Uno scambio che è certamente servito all'evoluzione del partito comunista. Ma ho l'orgoglio di dire che anche noi siamo stati portatori di valori che hanno condizionato il mondo cattolico ed una parte della sinistra italiana.

Insisto su Craxi ed il suo ruolo. È davvero possibile che la presenza del Psi al governo non abbia segnato il cammino comunista se non in modo negativo?

Indubbiamente il craxismo ha avuto un valore innovativo nella rottura degli schemi, della centralità democristiana e del consociativismo. Anche se successivamente il consociativismo fu ricostruito, su un terreno diverso, nel sistema di Tangentopoli. Sì, la *pars destruens* del disegno craxiano ha avuto una sua efficacia e, sotto questo profilo, Craxi va considerato un elemento di novità nel panorama politico italiano. Ma nel momento del consuntivo, l'elemento assolutamente negativo è che alla distruzione del sistema consociativo non ha corrisposto una politica dell'alternativa. Craxi si è limitato a usare il Psi (sempre minoritario, visto che la sua «onda lunga» dava oscillazioni minime, mentre per il Pds, passato dal 16 al 20,5 in soli due anni non c'è stata nessuna onda, né lunga né corta, se non quella che ha travolto il segretario) per una pura contratta-

l'alternativa di Craxi!

zione di potere, in una politica corsara di continuo ricatto. L'alternativa esisteva solo come strumento di ritorsione per ricontrattare il patto di potere con la Dc.

Detto questo, Craxi era il Nemico con la enne maiuscola: diabolico, cattivo e corsaro. Quello che tutti vorrebbero trovarsi di fronte sul ring. Dopo la sua uscita di scena ne ha sentito la mancanza?

No, direi che mi è mancato l'amico possibile. L'ostruzione di Craxi ha indebolito, indubbiamente, il progetto della svolta. Io non ho mai sperato nella distruzione del Psi. È stata la sua politica ad indebolire complessivamente la sinistra. Tant'è vero che oggi i suoi amici, quelli che hanno beneficiato del suo potere, sono – a cominciare da Silvio Berlusconi – dall'altra parte.

Eppure, ad un Craxi così forte e nemico – venuto ad ascoltarla, come disse allora, con l'elmetto in testa – dalla tribuna di Rimini gridò un «chi è Craxi?» che provocò non poche ironie. Si è mai pentito di quella trovata?

No. Mi rendo conto che poteva sembrare una guasconata, soprattutto se separata da quel che seguiva. Ma per me era importante far capire che, per costruire una vera sinistra di governo, occorreva smascherare quella politica del ricatto. E il congresso si rianimò.

Torniamo al clima di Rimini.

Quel clima già poco favorevole fu esaltato ed esasperato dal fatto che il congresso si svolse nel pieno della guerra del Golfo, un altro momento di grandissima drammaticità che scuoteva e divideva le coscienze. An-

109

cora una volta si correva il rischio di scegliere tra due estremi: quello di voler a tutti i costi mostrare la propria vocazione occidentale, qualsiasi cosa decidesse di fare l'Occidente o, al contrario, l'adesione per riflesso condizionato alle scelte di campo. Come se il mondo fosse stato ancora diviso in blocchi contrapposti. Anche lì ci chiedevano «con chi state?» e noi facevamo una gran fatica a spiegare che non eravamo né sull'una né sull'altra sponda, che la nostra posizione era quella dei democratici americani: nettamente contrari a Saddam Hussein, favorevoli ad un embargo forte, convinti che la guerra non fosse risolutiva dei rapporti complessi all'interno di quell'area.

Il «con chi state?» fu un ritornello che ci perseguitò. Dovevi scegliere. Da una parte o dall'altra, e se non sceglievi eri ondivago, non brillavi di luce tua ma svolgevi una incerta funzione di mediazione. Ci sono momenti in cui puoi gridare forte le tue ragioni e nessuno ti ascolta. Ma i fatti hanno dimostrato che la mia navigazione era tutto tranne che ondivaga, che avevo ben chiaro dove volevo approdare. Non c'è niente di più facile, per uno spirito debole, che schierarsi nettamente su uno dei due poli e acquartierarsi con tranquillità sotto le bandiere altrui. È decisamente più coraggioso voler testimoniare qualcosa che hai capito e che agli altri ancora non è chiaro. Come quando rispondevo, a chi mi chiedeva assillante «ma la costituente con chi la facciamo?», che ancora non lo potevo dire, che sapevo solo che non l'avremmo potuta fare con quei partiti che ci stavano di fronte perché tutto doveva cambiare. La controprova l'abbiamo avuta col primo abbozzo di costituente, con la presentazione del cartello dei Progressisti: attorno a quel tavolo non c'era nemmeno una delle vecchie formazioni politiche. Ma allora la Dc, il Psi, il Psdi regnavano forti, e non c'era un cane disposto a tenderti la mano.

Tutto questo, me ne rendo conto benissimo, dava al gruppo dirigente del Pds carte molto deboli da giocare. E tutto questo spiega il clima di Rimini e gran parte della situazione determinatasi dopo il congresso. Un clima pesante, di scetticismo sulla possibilità dell'esistenza stessa del progetto. Uno stato d'animo che ha pervaso a poco a poco le file del partito.

Il culmine di quel congresso fu la mancata elezione del segretario. Nel corso dell'anno e mezzo che la separava dalla svolta, lei aveva denunciato un paio di tentativi di regicidio. Il voto di Rimini fu la vendetta degli «oligarchi» o erano già in campo «le squadre con le magliette»?

Mentre Giglia Tedesco faceva lo spoglio dei voti capii che c'era qualcosa che non andava e chiesi «Non c'è la maggioranza?». Mi risposero che quel che mancava era il quorum. Ricordo ancora la faccia desolata e tesa di Walter Veltroni al quale dissi, ritrovando per un secondo la mia vena ironica, «Domani i giornali titoleranno: *"Chi è Occhetto?"*». Poi andai a bere un whisky. Un solo whisky che fu moltiplicato in una sbornia dal blob televisivo. Al punto che tanti compagni, e ancora per molto tempo, incontrandomi mi chiedevano «ma quanti ne hai bevuti?» e io a spiegare che era sempre lo stesso. Ripartii subito per Roma con l'aereo presidenziale di Nilde Iotti, che in quell'occasione mi diede utili ed affettuosi consigli. Al suo addetto stampa e giornalista dell'«Unità», Giorgio Frasca Polara, dettai la dichiarazione con la quale dicevo che si trattava sicuramente di un fatto tecnico ma che quel fatto tecnico non poteva non avere anche una lettura politica. Intanto perché pure le assenze possono avere un significato e poi perché vi avevo avvertito il segno di una grande stanchezza che poteva esser stata politicamente utilizzata.

Da chi?

Non posso dirlo, non perché non voglia ma perché effettivamente non lo so. Non è mai stato mio costume aprire processi o indagini particolari. Ma ricordo che nei giorni bui che seguirono a quel voto, Luciano Lama mi mandò una lettera commovente. Con tutta la sua schiettezza romagnola, sincero ed appassionato, mi diceva che lui – che in modo palese e motivato aveva votato a suo tempo contro la mia elezione a vicesegretario – non poteva apprezzare chi faceva giochi segreti e coperti.

Il giorno dopo, pur essendo riuscito a sfuggire al lungo assedio della stampa, prima di partire per Capalbio, lei incontrò sul portone di casa tre giornalisti: con me c'erano Fabrizio Rondolino dell'«Unità» e Nino Bertoloni Meli del «Messaggero». Fu uno sfogo amaro nel quale, in sostanza, diceva: me ne vado e se la vedano loro perché si è trattato di un complotto. Ha mai avuto la tentazione di mandare, davvero e per sempre, tutti al diavolo?

No. Anche se avevo allora, come già avevo avuto a Bologna, la sensazione che per alcuni la pacificazione interna potesse avvenire solo liberandosi di chi aveva provocato un momento di guerra e con la sua sola presenza continuava a ricordarlo. Ma ho sempre pensato che la politica fosse al primo posto, quindi sono andato avanti, come sempre, nella convinzione che la forza del progetto avrebbe superato tutti gli ostacoli. Questo in parte è poi successo. Almeno sino a quando avvenimenti esterni hanno fatto da sponda a quel che covava dentro.

Nel pensare che la politica risolva tutto, non c'è la sottovalutazione del momento organizzativo? O si tratta della presunzione di poter superare anche gli ostacoli organizzativi in nome della scelta politica?

Non c'è dubbio che io abbia sempre pensato, in modo forse un po' semplice ma generoso, che l'importante fosse la politica, che bastasse gettare l'idea e dire «chi è d'accordo con me mi segua». Forse è il mio difetto più grosso. Perché questa visione ha indubbi vantaggi, ma porta in sé la sottovalutazione del momento organizzativo delle «truppe» che dovrebbero darti sostegno. A mia discolpa vorrei però dire che non mi sono comportato così per dabbenaggine o perché non conoscessi la sottile arte della politica: semplicemente ero convinto di essere in una fase di passaggio in cui la riorganizzazione delle forze a mio sostegno dovesse essere sacrificata alla necessità di non discriminare, di non creare barriere all'interno della mia maggioranza visto che le barriere erano state già così alte tra chi aveva voluto e chi aveva combattuto la svolta. Anche per non presentare all'esterno un partito non solo diviso politicamente – cosa del tutto legittima – ma frantumato e dominato dal caos.

4

ANNI DI FERRO E DI FUOCO

«Gli uomini amano la caduta del giusto
e il suo disonore.»

FËDOR DOSTOEVSKIJ

*Da Rimini, siamo nel febbraio del '91, cominciano tre anni
senza respiro, anni di ferro e di fuoco come li ha definiti lei
più volte. Anni di alti e bassi e sicuramente di errori. Il Pds
era stato pensato ed era nato per mettere in campo una sinistra
di governo e rendere finalmente possibile il passaggio al sistema
dell'alternativa. Eppure, quando arriva il primo decisivo punto di rottura del sistema, quando il Caf perde in un colpo solo
Quirinale e Palazzo Chigi e al governo sbarca Giuliano Amato, voi vi tirate indietro. Non è stato un errore negare a quel
governo il vostro voto e quindi non accelerare il cambiamento?
Nel Pds stesso ci fu chi lo considerò un no preconcetto e sbagliato.*

Intanto voglio premettere che sul governo Amato non
abbiamo assunto una posizione pregiudiziale. Andai
a due incontri col presidente del Consiglio incaricato,
accompagnato da Alfredo Reichlin e Vincenzo Visco
e «armato» di corpose proposte programmatiche. Ne
tornai con la precisa sensazione che non facesse neanche finta di volerci al governo: per la semplice ragione
che non era in grado di impegnarsi su quel programma.
Ci lasciammo, come si usa dire, «amici come prima». Poi, naturalmente, si disse in giro che io non sa-

pevo e non volevo portare il partito al governo. Per fortuna ho almeno due testimoni.

Non fu solo questione di programma. Discuteste a lungo, dividendovi, sul significato di quel governo, se fosse o meno il passaggio al nuovo e quindi se meritasse il vostro aiuto.

È vero. Discutemmo e ci dividemmo. Ma quando cominciò l'ondata di scandali per cui si dimetteva un ministro al giorno, mentre cresceva l'inchiesta su Tangentopoli e aumentava la pressione per un nostro ingresso, il mio no fu netto. Entrando in quel governo avremmo vanificato tutto quel che avevamo fatto sino a quel giorno, avremmo capovolto le ragioni stesse per cui era nato il Pds. Saremmo entrati nell'edificio che stava per crollare e ne saremmo rimasti travolti: sarebbe stato proprio un bel capolavoro pagare tutto in una volta e sulla nostra pelle la crisi del comunismo, quella del Psi e dell'intero sistema politico italiano. No, non fu un errore restare fuori, un passo oltre la soglia, proporci come una forza nazionale in grado di essere protagonista della seconda fase della Repubblica perché estranea al crollo del vecchio sistema. Se errore ci fu, fu nell'aver indugiato un po' troppo con un piede fuori e l'altro dentro, così che alla fine anche noi siamo stati considerati compromessi con quel sistema. Non agimmo con la necessaria consapevolezza e nettezza.

Da quel no partì la campagna contro l'«ondivago» Occhetto che non sapeva dove portare la barca del Pds. Mi si diede persino del Pulcinella. La provocazione esterna e il mormorio interno si sposavano e creavano un clima di forte incredulità sul fatto che l'esperienza del Pds fosse vincente. Chi aveva paura della navigazione in mare aperto verso un sistema nuovo e anda costruire frenò: il governo Amato rappresentava la sponda rassicurante e conosciuta. Avvenne lo stesso a Milano e in Lombardia, dove rompemmo le giunte con un ritardo che consentì alla Lega di esplodere e fece sparire una sinistra che oggi si sta faticosamente riprendendo. Tutti errori che abbiamo pagato alle elezioni.

Invece col governo Ciampi avete compiuto l'errore opposto: non avete avuto il coraggio di rimanere al fianco del traghettatore tra prima e seconda Repubblica. Lo riconosce?

Ciampi: We made mistake

È stato un errore. E lo sapevo nel momento in cui lo commettevo. Ma sono stato obbligato a farlo, visto che nel partito non c'era la maggioranza per decidere diversamente.

È vero che si trovò in minoranza anche quando diede il via libera all'ingresso dei ministri pidiessini?

Sì. Ma bisogna rifare la storia di quella vicenda per capire cosa successe, per capire che ancora una volta l'errore di molti fu pretendere di misurare col metro della normalità una situazione che normale non era. Avevamo fatto la guerra ai governi lottizzati del pentapartito e del Caf, ora ci trovavamo finalmente di fronte ad un governo che non era di coalizione, che non veniva contrattato dalle segreterie dei partiti, che nasceva per la responsabilità di Oscar Luigi Scalfaro e di Carlo Azeglio Ciampi. In un vero sistema maggioritario, a pieno regime, premier e squadra di governo devono essere votati dagli elettori, in quella fase di transizione tra vecchio e nuovo si affidava ad un uomo probo la responsabilità di scegliere in piena libertà i suoi collaboratori: era un atto «rivoluzionario», riparatore dei guasti del vecchio regime, che poteva salvare l'immagine delle istituzioni e sventare uno sbocco pericoloso di quella crisi.

Noi avevamo ben chiara questa situazione, l'avevamo condivisa ed io avevo la delega del Coordinamento politico a far nascere quel governo che poi avremmo liberamente giudicato in Parlamento. Stando così le cose, pretendere che fosse proprio il Pds – unico tra i partiti che partecipavano a quell'impresa – a riunire la Segreteria e la Direzione per discutere, magari manuale Cencelli rosso alla mano, la delegazione da mandare a Palazzo Chigi, era pura follia. È stato un momento estremamente difficile.

Come andò?

Si concentrò tutto in pochi, drammatici, minuti. Scalfaro mi telefonò per informarmi sugli uomini che Ciampi aveva intenzione di scegliere nella nostra area. Voleva una risposta immediata perché il presidente del Consiglio era pronto a partire da Palazzo Chigi per il Quirinale, con la lista dei ministri in tasca. Se non avessi alzato il telefono il governo non sarebbe nato. Gli uomini scelti da Ciampi erano onesti e di grandissimo rilievo, non avevo dubbi che dovessimo dire sì. Avevo la cornetta in mano e guardavo negli occhi i compagni del gruppo dirigente che erano nella mia stanza. Così mi resi conto che erano pochi, la minoranza, a pensarla come me. Ma non potevo assumermi la responsabilità di un errore come quello. Già vedevo i titoloni dei giornali: «Il Pds affonda Ciampi». Chiamai Scalfaro e dissi sì.

È vero che, tra i contrari, c'era l'allora presidente dei deputati, Massimo D'Alema, che preannunciò una posizione molto critica del gruppo parlamentare nei confronti del governo?

Fu una riunione informale e non ho intenzione di fare nomi. È vero che molti compagni erano contrari e che di fronte alla mia argomentazione – dire di no sarebbe un errore gravissimo, una scelta che ci si ritorcerebbe contro – mi lasciarono fare ma con molto mal di pancia e molti dubbi.

È vero che della decina di persone presenti, due sole – Claudio Petruccioli e Walter Veltroni – furono d'accordo subito e senza esitazioni?

Anche in questo caso non sarò io a fare nomi. È vero che quella sera, mentre ero in casa, teso per quella giornata difficile, Petruccioli mi chiamò. Aveva discusso a lungo, a cena, con diversi politici e aveva visto i telegiornali. Entusiasta mi disse: «Achille, hai vinto. È stata la scelta giusta». Eravamo l'anello forte di quel governo, Bossi aveva deciso di ritirarsi a Milano per candidarsi a sindaco e cambiò idea solo dopo la nostra uscita. Quell'affermazione, «hai vinto», aveva sicuramente nelle intenzioni di Petruccioli un significato di prospettiva che nasceva dalla sensazione, a mio avviso giustificata, che ancora una volta quella «forzatura» avrebbe travolto le resistenze e i dubbi, e ci avrebbe collocati in pole position nella corsa per il governo della seconda Repubblica. Non solo: dall'interno dell'esecutivo e con Augusto Barbera al ministero per le Riforme, avremmo potuto vendere cara la pelle sul «doppio turno» della legge elettorale.

Se il quadro era quello, se eravate così in pochi convinti della scelta, il voto che assolse Bettino Craxi a Montecitorio e la conseguente uscita dal governo dei ministri di area pidiessina – Vincenzo Visco, Luigi Berlinguer e Augusto Barbera – saranno stati accolti con un sospiro di sollievo.

Quella giornata rimane per me ancora un mistero. Non ho mai capito perché fu scelta proprio quella data, la stessa seduta della fiducia al governo, per votare l'autorizzazione a procedere contro Bettino Craxi. Sono arrivato a pensare che si sia trattato di una coincidenza voluta da chi in quel governo proprio non ci poteva vedere.

È arrivato a pensare che tra i voti che salvarono Craxi ci fossero anche quelli di qualche pidiessino, magari qualcuno di quelli contrari all'ingresso nel governo?

Mai. Lo escludo nel modo più assoluto. Possiamo discutere e dividerci, ma siamo persone perbene.

E dopo quel voto ha dovuto ritirare i ministri. Perché non ha forzato la mano anche in quell'occasione?

Potrei rispondere ironicamente che anche il leaderismo ha i suoi limiti. L'uscita era obbligata perché, in minoranza, non si può fare più di tanto: la prima decisione, pur presa senza un consenso di maggioranza, aveva comunque alle spalle la delega del Coordinamento politico. E dunque era legittima. Rimanere nel governo dopo quel fatto gravissimo era invece una forzatura che non sarebbe stata capita.

Ma ha considerato un errore politico il non farlo?

Un errore al quale sono stato obbligato dalle circostanze. Naturalmente è assolutamente legittimo essere critici con quel governo. Sapevo benissimo che Ciampi non era un uomo di sinistra anche se – vista la destra che ci governa oggi – finiremo per considerare il suo come il primo ed ultimo governo bolscevico che abbia avuto l'Italia. Scherzi a parte, quel governo aveva diritto ad una «fiducia morale» per traghettarci dal vecchio al nuovo sistema. E non capisco perché il Pds avrebbe dovuto trovarsi, su una questione cruciale come quella, più arretrato del Pci di fronte alla svolta di Salerno e al governo Badoglio.

Il governo Berlusconi, il rapporto conflittuale della Lega con i suoi alleati, dimostrano che si può stare in una maggioranza in modo critico, riuscendo a marcare le proprie posizioni. Sarebbe stato certamente più utile uscire da quell'esecutivo più tardi, di fronte al no alla legge elettorale a doppio turno. Stando fuori abbiamo avuto una risorsa in meno, e che risorsa, per difendere quella proposta. Una proposta che, comunque, pur non partecipando a quell'esecutivo, se ne fossimo stati tutti convinti, avremmo dovuto e potuto difendere con determinazione in Parlamento, anche, al limite, correndo il rischio di andare ad elezioni anticipate senza la nuova legge. Invece, la forza che più coerentemente ha fatto la battaglia referendaria, con Mario Segni che fu anche lui travolto o si fece travolgere – ancora non l'ho capito – sulla frontiera del doppio turno, si lasciò imporre questa legge da una eterogenea alleanza di referendari dell'ultim'ora e di antireferendari.

Perché non si è opposto davvero sino a correre il rischio di un voto senza il nuovo sistema elettorale?

Lo stesso Mino Martinazzoli, che si era impegnato con me in quella battaglia, fu messo in minoranza nel suo partito e, purtroppo, non solo nel suo partito. Io non me la sentivo di riaprire un nuovo scontro nel Pds. Uno scontro che sarebbe stato durissimo dal momento che Giorgio Napolitano, allora presidente della Camera, si era impegnato con grande determinazione a far passare in tempi rapidi quella legge. Come si vede, alle volte si può sbagliare per il contrario del leaderismo, per evitare nuovi strappi.

Facciamo un passo indietro. La battaglia sotterranea combattuta a Botteghe oscure tra pasdaran del sì da una parte e malpancisti alleati col fronte del no dall'altra, ad un certo punto e per un attimo esce alla luce del sole. Dopo la nascita del governo Amato, prima dei referendum, alla conferenza sui problemi dell'organizzazione del partito Massimo D'Alema sferra il suo attacco...

In realtà si era ad arte creata l'attesa per un intervento che avrebbe dovuto segnare, secondo la stampa, l'esplodere di una battaglia campale.

Non fu solo clima giornalistico. Intanto perché alle redazioni era arrivato il segnale che quell'intervento sarebbe stato fatto, e poi perché effettivamente D'Alema parlò. E lei replicò con una durezza senza precedenti.

against
D'Alema

D'Alema usò piccole frasi che finivano per corrispondere significativamente alle attese che si erano determinate. Frasi che avevano dato modo ai giornali di presentare il suo intervento nei termini di grande sfida al segretario. Se non avessi risposto, la mia leadership si sarebbe fatalmente indebolita. La mia non è recriminazione o rivalsa nei confronti di D'Alema. Ma si deve ricordare che quello della leadership era diventato il problema della battaglia politica italiana, che impegnava quelle forze che vivevano un rovinoso declino e volevano arrivare al nastro di partenza della seconda fase della vita della Repubblica senza un concorrente forte. Il dato negativo è che dentro il partito non si capì che si offriva una sponda a quella campagna esterna.

Oppure lo si capì benissimo...

Non sono in grado di dirlo. Siamo di fronte a un processo indiziario e bisognerebbe stabilire se c'è dolo o solo colpa. A me interessa far capire che alla fine comunque il risultato sarebbe stato assolutamente negativo non tanto per me quanto per il partito. Per questo replicai con durezza a quell'attacco tanto che i giornali, entrati ormai nel clima del duello, poterono titolare *Vince Occhetto*.

A far da drammatico sfondo alle vicende di questi anni c'è stata l'inchiesta di Mani pulite. Lei è stato accusato di aver in qualche modo coltivato l'idea di una «via giudiziaria al socialismo», di non aver condannato gli eccessi di quell'inchiesta, confidando nella spallata che l'esplodere di Tangentopoli avrebbe dato al sistema politico italiano, convinto di poterne raccogliere i frutti. Alla fine le cose sono andate diversamente, un po' perché i frutti non li ha raccolti la sinistra, un po' perché anche la Quercia è stata lambita dall'inchiesta. Si è mai pentito di aver coltivato quell'idea?

No. Non mi sono pentito per il semplice fatto che non l'ho coltivata. Tangentopoli era al di fuori del calcolo o della scelta di ciascuno di noi. Era un dato della realtà politica, ed i politici lavorano sui dati che si trovano sotto gli occhi. Di fronte a quel fatto, l'inchiesta ed il marcio che metteva in luce, la questione si poneva con nettezza: o si stava con il processo avviato dai giudici ritenendo che la giustizia dovesse fare il proprio corso, o si stava con Bettino Craxi che apriva il processo ai giudici. Tangentopoli, del resto, altro non era che la scoperta – e Cesare Romiti ha dovuto riconoscerlo con nostro grande piacere – della verità della questione morale denunciata da Enrico Berlinguer. Qualcuno mi dovrebbe dire perché noi, che per primi avevamo alzato il velo su quella realtà, all'improvviso avremmo dovuto passare dall'altra parte. E quando Craxi cominciò ad attaccare i magistrati milanesi io, in una riunione di Segreteria, dissi chiaramente che noi dovevamo distinguerci da quell'attacco perché la giustizia doveva andare avanti. Però ricordo benissimo che in quell'occasione dissi anche che il richiamo al complotto ordito da Craxi di fronte all'enorme quantità di dati e di fatti prodotti dalla Procura di Milano ci avrebbe messo successivamente in una situazione insostenibile, perché anche di fronte ad eventuali errori commessi dalla magistratura ci saremmo trovati con le mani legate e nell'impossibilità di protestare dal momento che saremmo stati paragonati a Bettino Craxi.

Quando in un sistema democratico fondato sull'equilibrio tra i poteri, il potere esecutivo e quello legislativo sono profondamente colpiti ed in crisi – come è avvenuto con Tangentopoli – è chiaro che il potere giudiziario assume patologicamente una funzione oggettivamente superiore a quella sua naturale. È quel che è avvenuto, ed io in quel periodo ho più volte paventato che quel processo reale non si limitasse a met-

123

tere in luce la questione morale ma trascendesse in un eccesso di giustizialismo che fatalmente poteva portare ad un eccesso di assoluzione e ad uno spostamento a destra dell'asse politico del Paese.

Che poi, nel corso dell'inchiesta, siano stati commessi degli errori o degli eccessi io non l'ho mai escluso. Personalmente ho apprezzato alcuni rilievi che fece, sull'uso della carcerazione preventiva, Gerardo Chiaromonte. Ma un conto era, in quel momento e con quel clima, che i rilievi li facesse lui, altro sarebbe stato se fossero venuti dal segretario di un partito. Avremmo iscritto nell'elenco dei reprobi anche il Pds ed il suo segretario. Chi non capisce questo – e lo dico con durezza – o è un imbecille o è in malafede. Oltre ad essere ingeneroso verso quello che si è cercato di fare.

Non ci ha fatto deflettere da queste convinzioni nemmeno il fatto che qualsiasi piccola cosa che riguardasse il Pci, grazie all'informazione che ne veniva data, si imprimesse nell'immaginario collettivo allo stesso livello del resto del sistema politico-affaristico degenerato. Alla fine è stato a tutti chiaro che non ne facevamo parte, pur avendo avuto le nostre colpe. Ma di quelle colpe abbiamo chiesto scusa agli italiani, con un processo persino più impietoso di quello che si sarebbero dovuti fare i responsabili diretti di quel sistema. Tornai alla Bolognina per chiedere scusa delle nostre colpe, con un gesto che mi procurò difficoltà ed avversità dentro il partito.

Dalle sue Note di viaggio si capisce che ha vissuto con grande drammaticità e sofferenza il coinvolgimento del Pci-Pds. Cosa ricorda di quel periodo?

È stato un anno terribile, con momenti di vera disperazione. Eravamo asserragliati a Botteghe oscure e ogni giorno dovevamo rispondere colpo su colpo al tentativo di tirarci dentro l'inchiesta, coi tam tam che rimandavano voci di avvisi di garanzia in arrivo per me o per D'Alema. Siamo stati accusati persino di verticismo: eravamo in tre o quattro malcapitati compagni – primo tra tutti Davide Visani, arrivato da poco a Roma da Ravenna e quindi «spaesato» ed obbligato ad aggiornarsi su ogni piccolo episodio – attaccati al telefono per capire quel che ci sfuggiva, riconoscere quel che si doveva riconoscere, smentire quel che andava smentito, a far da parafulmine perché gli altri si potessero preoccupare della politica di tutti i giorni, dell'organizzazione o del gruppo parlamentare. Il culmine fu la notizia dei quattro conti in Svizzera dopo che io avevo pubblicamente giurato che il Pci-Pds non aveva nessun conto all'estero. Non sapevo più cosa sospettare: temetti un complotto ma non lo potevo dire visto che era il cavallo di battaglia di Bettino Craxi, «sapevo» che era tutto falso, ma mi ritrovai con orrore a pensare che magari quei conti c'erano, che esisteva un'organizzazione parallela e clandestina di cui nemmeno il segretario sapeva nulla. Pensai che era arrivato il momento di andarmene perché una situazione così non si poteva più sostenere. Quando giunse la notizia che i conti, come al solito, erano della Dc e del Psi, ho vissuto uno dei momenti di maggior sollievo nella mia vita.

Ma il momento più drammatico doveva ancora arrivare. Ero a Bologna, per il comizio di chiusura della Festa dell'Unità. Un comizio splendido, che ho fatto con grande gioia. L'ultimo mio comizio da segretario alla Festa dell'Unità. A tutta quella gente, tra gli applausi, avevo ripetuto con orgoglio che eravamo estranei, assolutamente estranei al vecchio sistema di potere. E sentivo ancora l'eco di quegli applausi quando, appena finito di parlare, dietro al palco, mi diedero la notizia che stavano per arrestare Marco Fredda, il fratello di Stefania, la mia segretaria, per una cosa della quale poi risultò completamente innocente. Provai un senso di disperazione profonda. La sera dovevo andare con Aureliana ed i miei figli Malcolm e Massimiliano a Castel San Pietro: festeggiavamo, con un giorno di ritardo, il compleanno di mia moglie. Fu una festa decisamente triste, passata al telefono per seguire gli sviluppi della situazione.

Questa è stata la nostra vita in questi anni. E in tali condizioni, secondo alcuni, avremmo dovuto organizzare con burocratica tranquillità e indifferenza la nostra esistenza a Botteghe oscure.

Un importante appuntamento vincente per il Pds, in questi anni di fuoco, fu il referendum sulla legge elettorale.

Sì. Anche lì, sul rapporto da stabilire col movimento referendario, si giocò una partita interna. C'era nel Pds chi voleva creare un ponte tra un sì molto critico al referendum ed i no. Io ero invece convinto che, sino al giorno del voto, la divisione non potesse essere tra destra e sinistra ma tra referendari ed antireferendari. Il terreno del confronto erano le riforme istituzionali, non le alleanze politiche e il Pds doveva essere sino in fondo il partito trainante dello schieramento che avrebbe vinto quella battaglia. Credo di aver visto giusto. Come dimostrano le foto di quel giorno: Segni ed io, l'uno accanto all'altro che attraversiamo la piazza del Nazareno circondati da una folla impressionante di fotografi e cineoperatori venuti da tutte le parti del mondo a celebrare la vittoria del passaggio alla seconda fase della Repubblica. Quelle foto segna-

126

no più di ogni altra cosa la funzione storica e nazionale assunta dal Pds.

Perché?

The PDS' National Role.

Il fatto che la sinistra, già decisiva nella costruzione della
prima Repubblica, fosse in prima fila alla nascita della sua seconda fase, era importante. I problemi sono
nati dopo e i colpi di coda del vecchio regime sommati
alla mancata determinazione del fronte referendario
hanno portato ad una legge che non ha colto le potenzialità reali di quel voto.

*Lei ricorda quella battaglia vittoriosa. Ma riconosce la respon-
sabilità di aver ricacciato definitivamente a destra Mario Segni
col no alla sua candidatura a premier del fronte progressista?*

Accadde dopo la tornata, vincente, delle amministrative di giugno. Eravamo stati parte attiva della costruzione di alleanze – come a Torino – che portarono a
quella vittoria. Alleanze ampie costruite da una sinistra che sapeva guardare al centro, in un sistema a doppio turno che permetteva a ciascuno di mantenere la
propria identità e fare le sue scelte, salvo allearsi al secondo turno per battere l'avversario. Ma a quel punto
nacquero i problemi del rapporto con Alleanza democratica. Avevo sempre sostenuto, come appare chiaro
da alcune lettere aperte inviate a Ferdinando Adornato, che Ad non dovesse ridursi a partitino tra i partiti
ma dovesse essere il contenitore più ampio per mettere insieme, sulla base di un programma, le forze che
avrebbero lanciato la sfida del governo. La controprova è che il nome Progressisti fu un ripiego, dettato dal
fatto che la sigla Alleanza democratica non era più uti-

lizzabile per il cartello elettorale, visto che quel luogo di incontro era diventato un partito come gli altri. I dissapori con Segni nacquero nel momento in cui lui volle fare di Ad il punto privilegiato, partitico, dell'alleanza, ponendo per di più il diktat della rottura pregiudiziale a sinistra, con Rifondazione, a prescindere da una discussione seria – non ancora avviata – sui programmi. Una strategia esattamente opposta a quella di Silvio Berlusconi che, con grande spregiudicatezza, è riuscito a riciclare e rendere digeribile agli italiani un partito come il Movimento sociale che, se pure aveva avviato una revisione incompleta e contraddittoria, non aveva fatto parte dell'arco costituzionale della storia repubblicana. Parlai onestamente a Segni di queste mie perplessità. Quindi non è vero che il problema fosse quello del mio no alla sua designazione a premier.

Ma quel no glielo disse.

Segni sostenne in un colloquio con me che, in vista delle elezioni e per definire le liste elettorali, avremmo dovuto prevedere delle primarie per individuare i candidati, collegio per collegio. Fu a quel punto che gli feci notare che se avessimo fatto le primarie per i deputati, sarebbe stato curioso non prevederle per una designazione importante come quella del premier. Lui la prese male, ombroso, come se così io gli avessi voluto dire che le primarie non le avrebbe vinte e che gliele proponevo perché contrario al suo nome. Invece, volevo solo consigliargli di valutare, prima di innamorarsi di una parola d'ordine, se quella fosse davvero la strada migliore per arrivare al risultato che si prefiggeva. Tuttavia non sono certo gli equivoci che fanno decidere ad un uomo di stare a destra, al centro o a sinistra.

La stagione vincente dei sindaci segnò una seconda parentesi felice. Ma portò anche l'illusione che la vittoria finale, quella delle politiche del 28 marzo, fosse ormai cosa fatta. Che la sinistra dovesse solo decidere come e quanto vincere. Una illusione che non ha fatto capire che Silvio Berlusconi e la sua alleanza erano un osso più duro di un'Alessandra Mussolini a Napoli o un Gianfranco Fini a Roma.

Credo che prima di parlare dell'illusione convenga ricordare la realtà di quei giorni. Avevamo vinto la prima battaglia dei Progressisti. Ma quella battaglia aveva dimostrato che eravamo di fronte allo sfaldamento del centro, di cui una parte, nel sistema a doppio turno, si schierava naturalmente con la sinistra contro la destra. L'efficacia di quello schema, indubbia, non era né un'illusione né una distorsione ottica: nasceva dal fatto che il centro non democratico, quello travolto da Tangentopoli, era disperso, non aveva ancora un luogo in cui riorganizzarsi. E quindi la partita era l'uscita dal vecchio sistema o da sinistra o, all'opposto, da destra. Ma già allora e più volte avevo detto che quella situazione non sarebbe durata, che le vecchie forze, in quel momento attonite e colpite dal crollo del sistema, si sarebbero riorganizzate. Come, non era ancora chiaro.

L'aveva detto, ma il fronte progressista si è comunque fatto trovare impreparato all'appuntamento con quelle forze che si sono rimesse in piedi sotto le bandiere di Berlusconi.

In brevissimo tempo abbiamo dovuto riorganizzare il polo progressista, pensato per il doppio turno, secondo le regole del turno unico. È stato un lavoro faticoso, difficile. Prima del voto la pazienza con cui il Pds si accinse a quel lavoro, la capacità diplomatica dimostrata nel tenere attorno allo stesso tavolo tutti, da Alleanza democratica sino a Rifondazione comunista, furono lodate unanimemente. L'handicap del turno unico era chiaro nel fatto che, se per le amministrative si stringevano patti elettorali tra un turno e l'altro, lì occorreva individuare un minimo comun denominatore sul programma. Lo considero comunque un fatto positivo. Basta guardare alla rissosità di cui vive l'alleanza di destra che ha stretto un puro patto elettorale senza nemmeno far finta di cercare quel minimo comun denominatore programmatico. Ma per la sinistra il compito era ancor più gravoso, perché avevamo l'onere della prova, dovevamo dimostrare di aver le carte necessarie ad assumerci una funzione di governo, di poter portare alla stessa alleanza anche le forze del centro popolare.

Tutto quel lavoro non è servito. Perché?

Non è stato sufficiente ma era assolutamente necessario. Sicuramente le cose sarebbero andate in modo molto diverso se ci fossimo presentati alle elezioni dopo aver fatto parte del governo Ciampi, in un contesto politico e programmatico e di uomini che avrebbe reso possibile l'individuazione più netta della futura squadra di governo e che comunque avrebbe tolto a Berlusconi una delle carte fondamentali della sua campagna elettorale: quella del pericolo dei comunisti. Io mi rendevo perfettamente conto che pertanto dovevamo muoverci in una situazione di ripiego, sia per il venir meno di un credibile contesto politico sia per quella trappola preordinata contro di noi che era la legge elettorale. In questa situazione, di per sé difficilissima, se non avessimo nemmeno stretto quell'accordo, i risultati sarebbero stati disastrosi e oggi sarebbe impensabile la ripresa di un discorso a sinistra. E poi io resto convinto che l'anello debole sia stato non quel patto a sinistra ma il centro. Un centro che aveva rifiutato il doppio turno ed aveva coltivato l'illusione di poter resistere a destra, di poter contenere le perdite su quel fronte accentuando la polemica a sinistra, ingigantendo il pericolo Bertinotti mentre nel campo avversario i neofascisti potevano scorrazzare tranquilli, senza colpo ferire.

Il pericolo Bertinotti sarà pure stato ingigantito dal centro. Ma a conti fatti non sarebbe stato meglio proseguire nell'idea iniziale del doppio tavolo? Quello dell'accordo elettorale, più largo, con Rifondazione e quello del patto programmatico di governo dal quale tagliar fuori l'estrema sinistra.

L'accordo è stato un patto politico elettorale minimo. Tant'è vero che il Pds ha sentito il bisogno di presentare un suo programma di governo. Quello che doveva essere il compito consapevole e complessivo di un'alleanza è caduto, non per nostra volontà egemonica ma per spirito di servizio, sulle nostre spalle. E tutto lo sforzo era quello di chiarire che, pur volendo innovare su punti fondamentali come il lavoro o il rapporto tra efficienza e socialità, avevamo intenzione di operare in un quadro di certezze che confermassero le politiche di risanamento e di sicurezza europea. Per questo presi due iniziative emblematiche: la presentazione del nostro programma alla City di Londra e la visita al quartier generale della Nato a Bruxelles. Era il modo per sopperire, con la nostra iniziativa, alla mancanza di unità programmatica complessiva e convincente della sinistra: se anche le politiche fossero state a doppio turno, il problema si sarebbe risolto; ma col turno unico ed il recupero proporzionale, ogni forza dell'alleanza aveva interesse a marcare i suoi segni distintivi.

In sostanza, io avevo un bel dire nei miei comizi che bisognava passare dalla mistica della sconfitta alla volontà della vittoria, dalla mistica dell'opposizione per l'opposizione alla volontà di portare al governo del Paese una nuova classe dirigente, dalla mistica della protesta alla capacità di proposta. Cioè che era necessario mettere in campo non una sinistra «contro» ma una sinistra «per». L'immagine complessiva, la nostra tradizione, il linguaggio corale della sinistra, ma direi persino del centro democratico, non avevano trovato una caratura positiva nel prospettare una vera alternativa al governo della destra. Quel che era ormai nel codice genetico del Pds non era precipitato in una consapevolezza collettiva e in una concentrazione della volontà.

Avete pagato anche il fatto che se la destra si è coalizzata attorno al nome di Silvio Berlusconi, che si candidava alla guida del governo, il fronte progressista non ha lanciato un proprio nome. Forse ha ragione chi sostiene che non è stato fatto perché il premier voleva esser lei e aspettava che glielo si proponesse?

È vero che i Progressisti ed il centro non sono riusciti ad individuare un unico candidato a premier. Ma certo non per colpa mia. Ho avuto modo di dire più volte, e già nel corso della campagna elettorale, che se in un normale sistema maggioritario sarebbe stato naturale candidare al governo il segretario del partito più forte dello schieramento vincente, ero convinto che noi non fossimo ancora in quella situazione. Mi ricordo anche che su questo punto ebbi uno scontro con Berlusconi nel braccio di ferro televisivo: io sostenevo che l'incarico andava democraticamente discusso tra gli alleati dopo il voto; lui, pensando a se stesso, insisteva e si accalorava sul fatto che il presidente del Consiglio non poteva non essere il leader del partito più forte. Quindi, per favore, io non c'entro niente: la verità è che sono stato unanimemente nominato comandante in capo del fronte progressista solo dopo la sconfitta così che, come nelle antiche tribù, il capro espiatorio fosse immediatamente individuabile ed eliminabile.

Perché non candidò Carlo Azeglio Ciampi?

È chiaro che nel sistema maggioritario la battaglia la si fa per la maggioranza assoluta. Ma io ero convinto che il risultato più probabile fosse una maggioranza relativa dei Progressisti. Un risultato che avrebbe avuto come esito l'inevitabile ritorno in campo di Ciampi. Ma non potevo e non ho potuto indicarlo perché il presidente del Consiglio uscente, in totale coerenza con la sua funzione di garante, aveva dichiarato di porsi al di sopra delle parti. Ed anzi, proprio questo suo mettersi al di sopra delle parti lo rendeva la possibile riserva della democrazia nel caso di una maggioranza relativa nostra, o anche della destra di fronte alla quale noi quella iniziativa politica avremmo preso in accordo con il centro. È inutile che ci si dipinga più fessi di quel che siamo.

Invece, altro che maggioranza relativa! La destra vi ha battuto e governa con Silvio Berlusconi.

Come in tutte le partite, si può perdere solo per un soffio, all'ultimo secondo. E se vogliamo fare un'analisi seria, non esagitata, del voto del 28 marzo, la verità è che abbiamo perso ma non in modo catastrofico: sarebbero bastati tre punti in più al centro, o anche meno, se non ci fosse stato il crollo verticale della Rete in Sicilia, perché non avvenisse tutto questo. Non è stato un baratro, un precipizio. E il voto del Senato dimostra che non era poi così irraggiungibile il determinarsi di una situazione più aperta. Saremmo apparsi gli eroi nazionali, ed io sarei stato dipinto come il grande leader.

Quella di marzo è stata una campagna elettorale tutta volta a rassicurare il centro. Il viaggio a Londra, poi la visita alla Nato. Forse l'errore è stato proprio tutto lì: mentre Berlusconi diceva ad un'Italia stanca e sfiduciata «cambierà tutto, sognate con me, vi prometto un mondo nuovo, più facile e felice», la sinistra continuava a ripetere «state tranquilli, con noi non cambierà niente, vi promettiamo sacrifici che prima o poi vi rimetteranno in piedi». Insomma, sembra che siate state le vittime inconsapevoli di un fattore K superato dagli altri e non da voi. È così?

È vero che ci siamo preoccupati di rassicurare il centro. Ma non è vero che il fattore K fosse stato rimosso. Proprio i viaggi all'estero mi hanno dimostrato che se il fattore K era stato rimosso nel cuore della Nato o a Londra, altrettanto non si poteva dire della politica italiana, vista la propaganda ferocissima di Berlusconi sul «pericolo comunista». E anche su questo punto ho visto una grande debolezza del centro che, lasciando passare quest'idea con la famosa polemica su Bertinotti, ha di fatto favorito la campagna della destra. Quindi quelle iniziative non erano sbagliate ma erano insufficienti.

Il lascito vero di quell'esperienza è la necessità di indicare una ipotesi di rinnovamento complessivo e reale da sinistra da contrapporre ai sogni della destra. Le cronache di tutti i giorni ci dicono che quella del governo era una innovazione illusoria ed illusionistica. Promettere il regno di Bengodi quando i conti dello Stato sono dissestati può far vincere un'elezione, ma non ti fa portare a termine una legislatura. Almeno in questo la sinistra sarà ben diversa da questa destra? Se la politica è intesa come una serie di tempi successivi e non una resa dei conti, dire la verità alla gente sulle reali difficoltà del Paese è giusto, doveroso, anche se ti può far perdere le elezioni. Anche perché fondando tutto sulle menzogne non avremo un nuovo sistema ma la barbarie. Presentarsi come il nuovo nascondendo, come si nasconde la polvere sotto un tappeto, che quel nuovo è fatto in gran parte del vecchio ha pagato, e denunciare che di riciclati si trattava, può anche averci fatto apparire vecchi. Ma alla fine tutti i nodi vengono al pettine e l'abbiamo visto clamorosamente nello scontro tra Berlusconi e la magistratura.

Torniamo così al problema centrale, al perno di una nuova cultura politica che vale tanto per la vita interna del Pds quanto per l'intero sistema politico: non si può concepire il Pds, la critica al passato e la rottura epistemologica culturale con una certa concezione strumentale della democrazia se si ritiene che in politica i fini giustifichino i mezzi. Il fine del potere per il potere non è mai nobile in sé, ma se anche lo fosse è sempre vero che i mezzi sporcano i fini. Quindi l'idea che qualsiasi stratagemma sia valido per la conquista del potere, perché tanto poi si mandano a casa argomenti

No discontinuity
No populism

e truppe che ti hanno permesso quella conquista, è un'idea che forse può dar frutti nell'immediato ma poi si paga col passar del tempo.

A conti fatti, considero che l'aver messo sotto processo, dopo le elezioni, chi aveva combattuto quella battaglia sia stato un grave errore, una grande ingiustizia. La rivincita, il secondo tempo di quella battaglia, era strettamente collegata alla debolezza interna e all'elemento di sorpresa e di inganno di chi aveva vinto il primo tempo.

La destra aveva vinto, la destra doveva governare. Non è questa la regola di un sistema alternativo?

Ma quella vittoria portava dentro di sé la sua possibile sconfitta, conteneva gli elementi su cui lo schieramento democratico avrebbe potuto giocare la rivincita. È sufficiente confrontare i sogni di Berlusconi con le verità di Occhetto e abbiamo come risultato la continua situazione di rischio in cui vive la lira. Oggi sono tutti d'accordo nel riconoscerlo, ma ieri consideravano come un dogma indiscutibile l'esigenza di una vittima sacrificale a sinistra come unica risposta alla pretesa sconfitta epocale aperta dall'avvento dell'èra berlusconiana.

Questo contrasto si manifestò subito, nel diverso atteggiamento assunto nel dibattito alla Camera, sulla fiducia al governo, sul tipo di opposizione che la sinistra avrebbe dovuto fare contro quell'esecutivo.

Certo era molto elegante affermare che aveva vinto una destra normale, fingere di trovarsi tra gentlemen in Inghilterra, nel cuore della tradizionale dialettica tra laburisti e conservatori, dire che bisognava imparare a convivere con questa destra e che quindi a noi toccava impegnarci solo in una battaglia di lungo periodo lasciando al governo la possibilità di lavorare tranquillamente e dimostrare quel che era in grado di fare.

La tesi che ha fatto guadagnare a Giorgio Napolitano una plateale stretta di mano di Berlusconi?

Non so se il presidente del Consiglio lo ha omaggiato proprio per quella tesi o in quanto ex presidente della Camera. Ma non c'è dubbio che quella stretta di mano, dopo il discorso con cui io invece avevo denunciato questa destra come una destra pericolosa per la democrazia, non fu un atto puramente formale. Questa alleanza, il governo che essa ha espresso, avevano ed hanno bisogno di essere legittimati dal riconoscimento dell'opposizione. E comunque la stampa lesse quell'evento come un nuovo grande schiaffo a me.

Uno schiaffo che ha riaperto la campagna sulla ricerca del nuovo leader del Pds e della sinistra.

Non c'è dubbio che il mio discorso a Montecitorio fu considerato eccessivamente critico proprio perché individuava due livelli di opposizione: quella parlamentare, costruttiva, propria di un sistema alternativo e quella in difesa delle garanzie democratiche che non sono automaticamente tutelate da questo governo, come le stesse pregiudiziali pesantissime che il presidente della Repubblica aveva posto all'atto della sua formazione stavano a dimostrare.

Schiaffone a parte, mi spiace dover dire che tutto quello che è avvenuto nei giorni seguenti ha dato nettamente ragione alla mia tesi della doppia opposizione. Sarebbe stato ben strano che noi, rispetto al sussulto della coscienza democratica ed antifascista dell'Europa, ci fossimo trovati spiazzati. È ormai del tutto evidente che gli atti successivamente compiuti sul terreno economico, giudiziario, delle relazioni internazionali pongono alla compagine maggioritaria tre questioni cruciali circa le fondamentali garanzie.

Three questions for S. Berl.

La prima riguarda la coerenza tra gli atti del governo e il sogno ingannevole che ha ipnotizzato gli elettori. La seconda è l'effettiva, completa costituzionalizzazione della destra estrema. La terza è il rapporto tra la riverniciatura di nuovo che a Berlusconi era stata paradossalmente garantita da Fini e da Bossi e l'effettivo riciclaggio del vecchio personale politico che era riemerso all'interno di quella operazione. Le vicende giudiziarie, da un lato, e un occhio attento sulle nomine decise da questo governo, dall'altro, sono una conferma clamorosa di quanto sto dicendo.

Tutte cose che lei denunciò già in campagna elettorale. Ma fu fiato sprecato. Come se lo spiega?

Tutte cose che dissi ma passarono in secondo piano. Una grande parte degli italiani preferiva farsi ingannare da Berlusconi che diceva «sì, è vero, ero amico di Craxi, ma questo non ha niente a che vedere con la politica» e chiudere gli occhi di fronte alla realtà. Naturalmente il fatto che nello schieramento ci fosse anche la Lega dava a Berlusconi una certa credibilità. Per fortuna molti si stanno accorgendo che quando si arriva al dunque, quando occorre pagare le cambiali di una politica fondata su mille false promesse pur di arrivare al potere, le contraddizioni scoppiano in modo inesorabile. La stessa Lega è stata costretta a correre ai ripari quando il tentativo di far passare il decreto sul colpo di spugna ha fatto gettare la maschera a Berlusconi.

Tutti possono vedere oggi che le idee che avevamo messo in campo nel primo tempo andavano benissimo per raccogliere con decisione e fermezza tutti i frutti nel secondo. Ma si è preferito parlare d'altro.

Come si vede, ci sono vincitori che giungono rapidamente a conoscere le possibilità della propria futura sconfitta. Ed esistono degli sconfitti che, proprio per aver avuto ragione, si sentono gli autentici vincitori.

Rischi e fragilità di questa destra erano stati denunciati anche da coscienze critiche isolate, sia da destra sia da sinistra. Ma i moniti di Indro Montanelli o di Norberto Bobbio non son serviti a nulla. Perché?

Serviranno, serviranno. È stato sicuramente molto importante che si sia sentita la voce vigile di un uomo come Indro Montanelli. È la prova che, in momenti confusi della storia, una coscienza di destra ma limpida e coerente può assolvere ad una funzione positiva rispetto al bazar delle menzogne che la destra al governo sta imponendo. Lo scambio di apprezzamenti con Montanelli durante la campagna elettorale, visto oggi, alla luce delle battaglie combattute dalla sua «Voce», era nient'altro che la scoperta della rettitudine come comun denominatore tra un conservatore ed un riformatore. Ma è stato anche un ritrovarsi, come in altri momenti della storia, tra liberali conseguenti e forze riformatrici coerenti sul terreno di valori universali come quelli della libertà dell'individuo, della libertà di stampa e anche di un certo gusto ed una certa civiltà nel concepire i rapporti politici.

Per non parlare della questione acutissima sollevata da Norberto Bobbio circa la consistenza democratica di Forza Italia. Aspetto ben più corposo delle sciocchezze folkloristiche messe in campo sul leaderismo del segretario del Pds. Bobbio, con la sensibilità democratica che lo contraddistingue, individua in una costituzione materiale pericolosa, che non contiene in sé nessuna possibilità di autocorrezione democratica, qual è la sostanza monocratica di Forza Italia, il primo nucleo di una degenerazione che può proiettare il suo modo di essere sul complesso della vita democratica del Paese.

Tutto ciò, purtroppo, non è servito a battere la destra. Ma non è stato nemmeno preso in considerazione per la rivincita. Questo mi ha convinto dell'imbarbarimento della vita politica.

Esco da quest'esperienza con una nuova convinzione. Se durante la svolta sono stato guidato dall'idea della critica del sistema politico per uscirne, oggi forse il nuovo appassionante orizzonte cui guardare è l'analisi e la messa in discussione sia delle categorie stesse della politica sia del peso determinante che i mezzi massmediologici hanno nella determinazione dei moti delle coscienze e dell'iniziativa politica. Si apre così un problema di proporzioni gigantesche che deve portarci a rifondare la nozione stessa di carta dei diritti fondamentali dell'uomo e la concezione di una democrazia e una libertà nella società del Duemila.

Questo è il vero e grande pensiero lungo col quale tutta la tradizione comunista e socialista non ha fatto i conti. Solo la cultura della svolta, che rappresenta il meglio di quella tradizione, può interpretarlo efficacemente.

The turn, represents the best of the Communist and Socialist tradition

MODERNITY

5

LE DIMISSIONI, LA SUCCESSIONE

«Ma, ahimè, un dio mi ha negato l'arte,
la povera arte di agire per calcolo.
Ora sto qui innalzato e abbattuto,
innocente e impunito, innocente e premiato.»

WOLFGANG GOETHE

Arriviamo così alla parola dimissioni.

Dimissioni. Lo potrei dire con le parole di Enea a Didone, quando la bellissima regina gli chiese di raccontare le sue disavventure: «Infandum, regina, iubes renovare dolorem», regina, tu chiedi ch'io rinnovi un indicibile dolore.

Purtroppo quel dolore dobbiamo proprio rinnovarlo. La parola dimissioni l'ha inseguita per tutti i cinque anni della svolta, meditata o suggerita che fosse. Ha detto di aver pensato di mollare nel momento più cupo di Tangentopoli e nelle sue Note di viaggio rende persino conto di come lo avrebbe annunciato al partito. Ma c'è stato un momento in cui ha accarezzato l'idea di andarsene da vincitore. Vi fa accenno anche qui nelle Note di viaggio. Lo disse scherzando al tavolo dei Progressisti: «Ragazzi, vi porto al governo e poi me ne vado alle Bahamas». Gianni Riotta lo ha scritto in un articolo sulla sua campagna elettorale pubblicato dal «Corriere della Sera»: andarsene da vincitore, come il generale Kutuzov che batte Napoleone e poi si ritira definitivamente a vita privata. Era la vigilia dello scontro televisivo con Silvio Berlusconi. Era davvero questo il suo spirito?

Sì, a Riotta raccontai di Kutuzov, dicendogli che da giovane ti immedesimi nei tuoi coetanei, magari nel principe Andrej di *Guerra e Pace*, per poi arrivare, col passare degli anni, appunto al generale che se ne va dopo aver vinto la battaglia delle battaglie. Ma per sdrammatizzare aggiunsi anche, ridendo, che quando arrivi a riconoscerti in Napoleone vengono con l'ambulanza e ti portano via.

Comunque, sì, se le cose fossero andate bene mi sarei apprestato con tranquillità a determinare le condizioni di un ricambio e a collocare la mia funzione politica in un altro contesto. Mi sembrava invece veramente incredibile che mi si venissero a chiedere le dimissioni ad ogni momento di difficoltà. È stata una vera e propria ossessione: sarei dovuto andar via dopo Bologna, e poi mi sarei dovuto dimettere come Craxi e Forlani per Tangentopoli. Sono convinto di aver fatto bene a resistere visto che ero certo che la strategia fosse quella giusta e che il Pds avesse una funzione storica ineludibile all'interno del contenitore più ampio della sinistra e di una costituente democratica.

Invece le elezioni politiche le ha perse ed è cominciata la campagna sulla leadership. Perché non si è dimesso dopo quel 28 marzo? Perché ha aspettato le elezioni europee? Con un risultato diverso sarebbe rimasto al suo posto?

Io ero e sono convinto che non esistono più i segretari a vita ed ero intenzionato ad avviare il ricambio. Ma trovavo intollerabile che tutto dovesse avvenire sotto il peso di una durissima campagna esterna che in realtà è stata determinante. Non mi dimisi dopo le politiche perché mi sarei sentito un disertore: il partito era impegnato in una lunga campagna elettorale per le europee del 12 giugno e non poteva affrontare la questione della Segreteria. Ma subito dopo le politiche – in una intervista ad Alberto Leiss per «l'Unità» – dissi anche che, se nel Pds si riteneva di aprire il problema della Segreteria subito dopo le europee, io non avrei avuto alcuna remora a farmi da parte. Altrimenti, nei miei progetti, il congresso avrebbe dovuto rappresentare una importante occasione di approfondimento politico e programmatico. Il ricambio del gruppo dirigente avremmo potuto affrontarlo in una seconda fase, riconvocando l'assemblea congressuale dopo le elezioni amministrative del '95.

Quindi, se il 12 giugno i risultati elettorali avessero dato l'appiglio per resistere – anche se mi si deve spiegare che differenza c'è tra il 20 ed il 19 per cento in una campagna elettorale fatta senza uno spot e senza un manifesto, in un clima da partito unico, visto che sui muri delle città si vedevano solo i colori di Forza Italia – avrei resistito anche dopo le europee. Non perché, lo ripeto ma vale la pena ripeterlo a scanso di equivoci, volessi fare il segretario a vita bensì perché ritenevo fosse non un diritto ma un dovere arrivare al congresso, compiere il cammino politico che mi ero prefisso, uscirne segretario per poi avviare il ricambio. L'ho scritto anche, con un po' di ironia, nella lettera che ho inviato al Consiglio nazionale che ha eletto il mio successore: non consideravo scandaloso il fatto che l'uomo della svolta fosse eletto segretario al secondo Congresso del Pds, partito che aveva contribuito a fondare. In fondo in fondo, a ben vedere, forse me l'ero anche meritato: non avevo fatto nulla di male, unico tra i segretari dei grandi partiti della prima Repubblica, ero uscito indenne dal cataclisma che aveva distrutto quel sistema muovendomi sulla strada del rinnovamento e traghettando il partito sano e salvo sulle sponde della seconda Repubblica.

Di questo si trattava. Non certo di essere più o meno laico. In questo periodo ho sentito tali e tante lezioni di laicismo che... mi è venuta una voglia matta di farmi prete. Se è mancato del laicismo, è mancato negli altri. Perché un conto è il ricambio, un altro la sottovalutazione o l'umiliazione di un leader che non era tale perché aveva vinto il concorso a premi di qualche settimanale frivolo ma perché aveva presentato il suo «capolavoro» – nel senso di quel che facevano gli operai per esser assunti – nel fuoco della lotta.

Tra i primi a porre il problema della leadership, tanto da esser poi lui stesso indicato tra i pretendenti alla successione, ci fu Massimo Cacciari. Si è mai chiesto il perché di tanto accanimento?

A proposito di Cacciari, credo che ci siano stati molti equivoci. In realtà il sindaco di Venezia poneva il problema del premier e della distinzione tra la figura del leader di partito e del candidato alla presidenza del Consiglio. Sulla base di questa impostazione si aprì una confusissima campagna di stampa nella quale non si capiva più se si stesse cercando il leader del Pds, il capo del più ampio movimento dei Progressisti o il premier della coalizione. Probabilmente Cacciari avrebbe dovuto dare il proprio contributo di chiarificazione impedendo che lo si fraintendesse o lo si utilizzasse in modo distorto. Da parte mia gliene avevo dato l'occasione indirizzandogli una lettera aperta, con la quale ripercorrevo posizioni da me assunte da tempo a proposito della distinzione tra i diversi livelli. Gli ricordavo che non solo condividevo quella tesi ma che l'avevo già prospettata ai compagni e amici di Ad nel momento in cui si creò confusione tra la ricerca dell'alleanza che non c'era e del partito della sinistra che a mio avviso c'era. Probabilmente Cacciari ha considerato questa mia puntualizzazione come la volontà di affermare una sorta di primogenitura rispetto alle cose che lui stesso diceva contribuendo così ancora una volta, e molto probabilmente senza volerlo, a mantenere viva quella strumentalizzazione da parte della stampa. Si tratta tuttavia di cose superabili e anzi, per quel che mi riguarda, ampiamente superate.

È proprio in vena di bontà. Riesce ad esser benevolo anche con Giampaolo Pansa, il primo a chiederle, da un certo momento in poi e puntuale ad ogni scadenza politica, di dimettersi?

Sì, anche perché credo che sostanzialmente Pansa mi stimi e, a modo suo, mi voglia bene. E che quindi abbia chiesto ad ogni pié sospinto le mie dimissioni perché voleva che io avessi più tempo per conversare con lui.

Il protagonista di un bel libro di fantascienza, Il più grande uomo scimmia del Pleistocene *di Roy Lewis, è il grande innovatore Edward che riesce ad emancipare il suo branco al punto che i figli lo uccideranno e divoreranno, così che il suo insegnamento possa vivere per sempre in loro. Sembra un po' il suo destino. Anche perché, lei negherà pure di esser vissuto di leaderismo, ma ha interpretato il ruolo di segretario in maniera assolutamente personale, con una tale sovraesposizione che, nel momento della caduta, era quasi naturale le chiedessero di pagare e subito in prima persona. Non è così?*

Forse è così. Ad un certo punto sono diventato l'elemento scomodo, l'uomo che incarnava i momenti più drammatici della nostra storia recente, che portava in sé i drammi con cui avevamo dovuto fare i conti. È il processo psicologico che porta alla logica della vittima sacrificale, che porta a far riferimento alla soggettività per negarla nella falsa convinzione di aver superato così e solo per quello ogni problema. Avevo vissuto in prima linea, forse era normale che la funzione di punta si tramutasse nel suo contrario quando le cose non fossero più andate bene. Del resto io stesso, per primo, col gesto delle dimissioni ho accettato di sciogliere quel dramma. Ritengo invece molto meno spiegabile che, una volta sciolto il dramma, non si fosse aperta una discussione pacata ed onesta sul valore di tutto quel che si era fatto. Quanto all'uomo scimmia, la differenza tra me e Edward è che io sono qui in carne ed ossa, e continuano a chiedermi cosa farò da grande.

Glielo chiedo anch'io cosa farà da grande: quale sarà il suo futuro politico?

Prima di tutto voglio spersonalizzare il problema. Molto dipenderà da quale sarà la vita interna di questo partito. Voglio dire con estrema franchezza che ho sempre ritenuto superata la ragion d'essere delle componenti nate con la fondazione del nuovo partito. Ma con altrettanta sincerità aggiungo che considererei un altro elemento di restaurazione l'idea che si possa tornare, di fatto, ad una sorta di centralismo democratico. La vera grande scommessa di un partito nuovo è nel dimostrare che può esistere una vita interna, quella che tra l'altro auspicavo nelle conclusioni dell'assemblea organizzativa, nella quale piattaforme e componenti non sorgono tanto per intervenire giorno per giorno sulla vita e la direzione politica del partito ma si fondano *organisational question → what does it mean?*

su una ispirazione culturale e politica. Componenti che quindi debbono potersi esprimere in modo tale da non rendere occulta, come purtroppo è avvenuto nella maggioranza del Pds, ma palese e aperta una eventuale diversità di valutazione sia sul passato sia sulla prospettiva del Pds e della sinistra. Per quel che mi riguarda, invece, è chiaro che la mia collocazione nella vita politica avrà un segno o un altro a seconda che venga confermata o corretta quella interpretazione riduttiva della svolta che è emersa dall'ultima riunione del Consiglio nazionale e che di fatto ha determinato una maggioranza ibrida e composita, che ha avuto il suo fulcro nelle critiche alla mia gestione del partito.

Pensa che nel Pds debba nascere una corrente di «guardiani della svolta»?

Quanto ho detto finora dimostra che il problema ormai non è difendere la svolta da chi non la voleva ma di portare avanti con coerenza la sua cultura di base, i suoi princìpi fondativi e i suoi obiettivi. Si è parlato tanto di laicismo, a proposito e a sproposito. A me sembra del tutto evidente che il fatto stesso che io abbia dato le dimissioni, determinando le premesse per affrontare i problemi del gruppo dirigente non più nel vecchio quadro delle cooptazioni, sia stato un altro elemento fondativo del Pds, come ha giustamente ricordato lo stesso D'Alema. Se le cose stanno così, le diversità di posizioni sull'elezione del segretario, che ingiustamente e meschinamente sono state ridotte ad una sorta di mia pregiudiziale personale, devono poter vivere in modo aperto ed esplicare fino in fondo le proprie potenzialità in una direzione o nell'altra. A meno che non si creda lecito condurre una battaglia politica sulla base di una piattaforma puramente strumentale per poi scaricare al loro destino gli alleati occasionali. Per me questo non è giusto. Quel che vale per il Paese vale per il partito: i fini non giustificano i mezzi perché i mezzi – come ho già detto e come la storia ha dimostrato – hanno la capacità di sporcare i fini. Quindi non si può pensare che maggioranze formate su equivoci dal punto di vista dell'impostazione culturale, politica e programmatica non debbano essere messe apertamente alla prova. Ma, lo ripeto, ritengo che esista un rapporto stretto tra una certa concezione del nostro passato e della svolta e il modo di progettare il nostro futuro. Con ciò non pretendo di aprire una discussione retrospettiva: si tratta di riabilitare quella forte identità culturale che ha un suo valore europeo ed internazionale di grande portata e che deve potersi combinare con iniziative politiche per l'oggi che muovano dal fecondo incontro di posizioni non riducibili all'orizzonte del solo Pds. In questo senso non ritengo che ci possa essere una componente fatta da guardiani della svolta. Proprio perché la capacità di cogliere le potenzialità di quell'atto fondativo vuol dire avvalersi di politiche che non hanno solo il compito di rovesciare il consenso avuto dalla destra e di accrescere il proprio. L'obiettivo ben più ambizioso è quello di aprire la prospettiva ad un sistema di alleanze non riducibile a furbizie tattiche tra i capi di potenze in sé conchiuse né a travestimenti programmatici ma capace di creare un campo di forze sulla base di un progetto. Che non può essere definito solo come un programma per governare ma anche come il programma per creare una nuova composizione complessiva della vita nazionale. In questo senso vedo la necessità di una corrente di pensiero politico omogenea, che senta come suo l'obiettivo alto che

148

ci sta di fronte, quello di governare un sistema di relazioni diverse e non tanto quello di governare per governare. È qui che si misura tutto il valore e la diversità di un programma delle forze democratiche e di sinistra. L'orizzonte è quello dell'Italia e dell'Europa e noi dobbiamo continuare a pensare noi stessi in rapporto a quell'orizzonte.

Per quel che riguarda il suo destino personale, la gratifica il paragone che è stato fatto con Willy Brandt?

Prima rileggiamo la carriera di Willy Brandt per capire che la storia delle dimissioni obbligate perché «così succede in tutta Europa» è una balla. È una balla per la Francia visto che, a chi gli chiedeva dopo una sconfitta elettorale se si sarebbe ritirato, François Mitterrand rispose «je fais partie du paysage de la France». Ma è una balla anche per la tanto citata Germania e la Spd. Brandt si candidò per la prima volta alla Cancelleria, senza successo, nel '61. Dopo quella sconfitta, nel '64, divenne presidente della Spd (dove il presidente è l'equivalente del nostro segretario). Nel '69, a 56 anni e cioè due in meno di quanti ne ho io oggi, divenne cancelliere e realizzò il disegno più grande della sua vita: l'Ostpolitik. Nel '74 scoppiò il caso Guillaume e lui, a 61 anni, si dimise da cancelliere ma restò presidente, cioè segretario, del partito e presidente dell'Internazionale socialista: fino a 74 anni, quando si dimise anche da presidente effettivo e diventò presidente onorario. Malgrado tutto ciò, nel suo libro di memorie scrisse di considerare un grave errore l'essersi dimesso per quella storia «di spie, donne e bicchierini». Se si fosse dimesso dopo la prima sconfitta non sarebbe diventato Willy Brandt.

*Se oggi le chiedessero di fare il presidente del Pds «come Brandt»,
sarebbe una proposta all'Occhetto-Brandt dopo le dimissioni dalla
Cancelleria o all'Occhetto-Brandt settantaquattrenne?*

Lascio al vostro buon cuore decidere.

*Mi sembra evidente che considera una grave ingiustizia l'esser-
si dovuto dimettere. Ma, se era convinto di non doversene andare, perché ha scritto quella lettera? Secondo molti è stato un
errore, se non altro perché segretario del Pds non è stato eletto
il suo candidato.*

Ho deciso che fosse giusto dimettermi e mi sono dimesso. Non l'ho certo fatto pensando a come sarebbe andata la successione. Semplicemente dovevo mettere tutti
nelle condizioni di assumersi le loro responsabilità. La
campagna esterna era fortissima. Ed io mi sono convinto che una mia resistenza personale, sia pure giustificata, avrebbe danneggiato non solo la mia immagine ma soprattutto quella del Pds. Avrei scaricato sul
mio partito tutto il peso di quella campagna metten-
dolo in una situazione di difficoltà estrema. Come ho
scritto nella lettera di dimissioni, a quel punto il mio
dovere era impedire che il rilancio del partito fosse
sviato dalla discussione sulla leadership. Del resto, per
ipotizzare di resistere anche in quelle condizioni era
necessario che dal partito arrivasse non solo un in-
coraggiamento ma una consapevole accettazione ed il
rilancio dell'unica proposta onesta e seria che mi si potesse fare: quella, per l'appunto, di liberare il congresso dalla ricerca salottiera del leader per discutere seriamente le cause della sconfitta e le prospettive della rivincita.

Prima di scrivere la lettera di dimissioni accertò che quella strada fosse preclusa?

Sì, e le opinioni che avevo raccolto – come scrissi anche al Consiglio nazionale – dimostravano che quella via, che avrebbe avuto bisogno di essere fermamente difesa dal gruppo dirigente di fronte alla inevitabile campagna esterna che avrebbe provocato, era impraticabile. Mi si chiedeva, invece, in quelle ore, di restare – dimissionario – sino all'imminente congresso. Restare come segretario dimezzato. Perché è inutile che ci raccontiamo ipocritamente delle favole: un segretario è un segretario, davanti agli altri partiti e all'opinione pubblica, di fronte ad un governo e all'Internazionale socialista, se è nel pieno dei suoi poteri. Altrimenti è dimezzato, dannoso per la sua immagine ma soprattutto per quella del partito che rappresenta. Era la proposta meno amichevole che mi si potesse fare, la meno produttiva per il partito. Così mi sono dimesso.

Si è mai pentito della durezza di quella lettera? La parte finale, i ringraziamenti al segretario di Rifondazione comunista Fausto Bertinotti per la solidarietà umana, a Silvio Berlusconi per non essersi impicciato dei problemi interni del Pds e a tutti coloro che avevano chiesto «che mi facessi da parte con l'argomento che tanto ormai ero passato alla storia», erano altrettanti schiaffoni ai suoi compagni di partito.

So che qualcuno ha considerato quella lettera un po' rabbiosa. Francamente, per dirla in termini giornalistici, non è questa la notizia in un Paese in cui i maggiori leader politici o sono morti come segretari o sono usciti di scena dopo gli ottant'anni, o ancora, se l'hanno fatto prima, è stato sulla spinta di una cinquantina di avvisi di garanzia. Che si pretendesse da me una lettera addirittura ilare e gioiosa, mi sembra un monumento all'inconsapevolezza morale in cui è caduto questo Paese. Oltretutto, a chi la legge bene, è chiaro che in quel momento sicuramente non facile e consueto ho ritrovato la forza, che mi è connaturale, del sorriso e dell'ironia. Quell'ultima frase su chi mi aveva consegnato alla storia, che tutti hanno scambiato per un duro attacco, in realtà l'ho scritta con il sorriso sulle labbra e con l'intento di sdrammatizzare, sia pure in parte, una lettera che conteneva sicuramente elementi di durezza di cui non mi pento affatto.

Con chi ha scritto quel testo?

L'ho deciso e scritto da solo. Chiesi a Franco Ottolenghi, mio prezioso collaboratore, di restare nella stanza, davanti a me ma quella volta – come gli dissi – non per scrivere insieme bensì solo per farmi da specchio. Leggevo forte quel che stavo scrivendo, frase per frase, in attesa di sue obiezioni. Obiezioni che non vennero. Solo, il suo volto si faceva sempre più intenso. Usai persino uno stratagemma, pensando che la parte finale avrebbe creato imbarazzo o commozione in Stefania. Le affidai la lettera da battere a macchina solo foglietto per foglietto e quando arrivai al penultimo, al punto cruciale, non terminai la frase pur avendo ancora spazio. Scrissi «voglio dunque sbarazzare il campo da pretestuose obiezioni» spezzando il periodo e lasciando per la pagina successiva la conclusione: «e polemiche, presentando le mie dimissioni». Lo stratagemma fu perfettamente inutile, perché quando la chiamai per l'ultimo foglietto Stefania prese la pagina che le porgevo senza guardarmi in faccia, con le lacrime agli occhi e il volto sconvolto. Aveva già capito come andava a finire. E la stessa commozione lessi nello sguardo di Mario Iachini, il compagno che subito dopo mi riaccompagnò a casa. Come si vede c'era poco da ridere. E che dalla mia lettera potesse trapelare qualche tensione, mi sembra del tutto naturale. Avevo deciso da solo, senza consultarmi con nessuno. Tant'è che la lettera fu letta direttamente ai giornalisti dal capo ufficio stampa Massimo De Angelis.

Con la lettera al Consiglio nazionale chiamato ad eleggere il suo successore lei ha chiaramente indicato il suo candidato alla Segreteria in Walter Veltroni. Perché lui e non D'Alema che, di fatto e per la sua scelta di farlo prima responsabile dell'organizzazione e poi coordinatore della Segreteria, era il numero due del Pds?

Sostanzialmente per l'immagine di contrapposizione che, non certo per volontà mia, si era creata. Non che non fosse legittimo, per la stampa e anche per D'Alema crearla – salvo la critica, che mantengo, sul fatto che non furono esplicitate le differenze politiche su cui si fondava –, ma perché quella contrapposizione mi impediva di esser credibile nell'annunciare che D'Alema era il mio successore. La differenziazione, tra noi, era ormai evidente e se avessi annunciato alla stampa che era lui il mio candidato, sarei stato sommerso da risolini ironici, a torto o a ragione. Forse più a ragione che a torto, a quel punto.

Ma quali erano le divergenze politiche che, sia pur tenute coperte, vi dividevano? Non sarebbe il caso di elencarle visto che ai più i motivi dello scontro apparvero incomprensibili?

Tutta questa lunga conversazione ha dimostrato che c'erano due letture diverse della svolta. La differenza era nell'atteggiamento di fronte alla necessità di una vera e propria destrutturazione del vecchio sistema politico. Non che io volessi destrutturare di più di quel che non avessimo fatto ma la questione era se collocare o meno il Pds, fino a che punto e con quale cultura, fuori del vecchio sistema politico e dentro quel processo per uscirne in prima linea come una delle forze principali della seconda Repubblica. Ma non vorrei insistere sull'argomento. Lui stesso si è incaricato, sia pure tardivamente, di sottolineare le differenze nel corso della riunione del Consiglio nazionale che lo ha eletto segretario.

Giorgio Bocca ha scritto che Massimo D'Alema, definendo «irrituale» la protesta di Antonio Di Pietro di fronte a quel decreto, ha di fatto sposato la posizione della maggioranza di destra che vuol rimettere al loro posto i giudici «che hanno voluto fare politica». È questa la differenza tra lei e D'Alema nei confronti di Mani pulite?

Intanto non credo che si possa paragonare la posizione di D'Alema, nel modo più assoluto, a quella della destra. Tuttavia è anche vero che, di fronte a quel decreto e alla protesta dei giudici milanesi, io ho sentito il dovere di mandare un messaggio di solidarietà ad Antonio Di Pietro. Anche sulla questione dei giudici e del mio atteggiamento nei loro confronti si sono in molte occasioni manifestate accentuazioni diverse che finivano per dipingermi, come abbiamo già visto, come giustizialista.

Le differenze, ripeto del tutto legittime, erano rimaste coperte. Solo di tanto in tanto veniva dato un segnale che poi la stampa amplificava. E come ho scritto anche nella lettera al Consiglio nazionale, il tutto era funzionale a mantenere viva una rete di rapporti, la famosa componente nella componente, la squadra con le magliette all'interno della maggioranza. E tutto questo ha dominato anche il comportamento di D'Alema. Basti un episodio. Subito dopo l'assemblea organizzativa, D'Alema si incontrò con Davide Visani, Claudio Petruccioli e Piero Fassino che gli chiesero come mai, col suo intervento, avesse alimentato e confermato il clima di attesa per uno scontro al vertice. E D'Alema rispose loro che lui non poteva non rispondere ai compagni che a lui facevano riferimento e che lo spingevano alla battaglia. Ma a quel punto sarebbe stato più giusto dichiarare l'esistenza di una componente su una base politica diversa, magari non alternativa ma sicuramente diversa per la concezione della collocazione del Pds nella politica italiana.

Perché il suo candidato alla Segreteria era Walter Veltroni?

La proposta di Veltroni era oggettivamente presente, lo era sulla stampa e nell'opinione pubblica, lo è stata con esito positivo, nella consultazione che ha coinvolto una parte del partito. Anche se io ero e resto convinto che si potesse mettere in moto – sull'esempio della Spd – un vero e proprio referendum. La candidatura di Veltroni, per me, era la più corrispondente alle attese che erano alla base delle mie dimissioni. E nella lettera al Consiglio nazionale spiegavo che, pur essendo convinto – io, uomo della svolta – di aver ancora molte cose da dire e da fare nella direzione di una «Bolognina 3», l'attesa dell'evento emblematico imponeva di cambiare ma di cambiare sulla strada più coerente col cammino che avevamo intrapreso. Io capisco benissimo la differenza tra democrazia diretta e democrazia rappresentativa, la capacità di filtro di un organismo che può scegliere meno emotivamente. Ma un gruppo dirigente ha anche il dovere di interpretare i dati che vengono dalla base. Non potevo certo immaginare che il Consiglio nazionale potesse decidere di imboccare una strada diversa da quella indicata dalla consultazione nel partito senza aprire una discussione politica e magari decidere di affidarsi al congresso. Che avrebbe potuto essere preparato sulla base di regole nuove, coinvolgendo di più la base, magari prevedendo la presentazione di programmi, squadre e leader diversi. Se non avessi deciso di tenermi fuori da quel confronto – nel quale in realtà sono stato tirato dentro e in «contumacia» – avrei indicato con forza il rischio di una divergenza tra la scelta del Consiglio nazionale e la consultazione di base.

Uscito da Botteghe oscure il 13 giugno, dopo aver consegnato la lettera di dimissioni, lei si è nuovamente trovato di fronte al Pds proprio in quel Consiglio nazionale, nell'algida sala della Fiera di Roma, il giorno dell'elezione del nuovo segretario. Emanuele Macaluso, indignato per il silenzio ostile e irriconoscente che la accolse, ha pubblicamente manifestato il suo sdegno paragonando quella freddezza al silenzio feroce con cui il Plenum del Pcus accolse Nikita Krusciov già segretamente processato. Condivide quel paragone?

Non posso che ringraziare Macaluso per la sensibilità morale che ha dettato le sue parole. Non spetta sicuramente a me fare paragoni ma il suo giudizio mi fa tornare alla mente che, quando nella Direzione del partito si facevano lunghe e dotte discussioni, anche teoricamente complicate, sulla mancanza di democrazia nei Paesi dell'Est, spesso si alzava Emilio Sereni affermando che il vero problema di quei Paesi era «la mancanza dell'opinione pubblica». Cioè la dottrina secondo la quale la funzione dirigente si esprime molte volte non già nel guidare, il che è legittimo, i processi, ma anche nell'avere la «forza» di prescindere dall'opinione della gente. Voglio dire sinceramente che è questo che mi spaventa: il fatto che si possa tornare a una visione che è stata una delle cause fondamentali della sclerotizzazione degli apparati dei partiti comunisti. Naturalmente in Italia non siamo a questo. Tuttavia l'evocazione di Macaluso fa sentire anche a me il semplice dovere morale di suonare un campanello d'allarme.

Non nascondo che provai una grande amarezza. Mi fu di grande conforto, il giorno dopo, una telefonata di Paolo Bufalini. Era affranto – mi disse – perché di fronte a quella platea immobile avrebbe voluto scendere dal palco della presidenza per venire a salutarmi, per rompere quel gelo. Ma non era stato in grado di farlo perché una malattia gli impediva di camminare, di scendere senza aiuto quella scaletta precaria e senza corrimano. Era veramente desolato e mi chiedeva scusa al telefono. Mi salutò dicendomi «caro Achille, molte cose non le sapevo e le ho capite dopo».

Quell'amarezza l'ha evocata nella prima intervista dopo le dimissioni, ad Alberto Leiss per «l'Unità». Dopo averla letta Gianni Baget Bozzo ha scritto su «la Repubblica»: «Occhetto ha presentato il suo cahier des doléances e non si può non riconoscere il suo diritto al lamento». Si lamenta ancora?

Credo che di quell'intervista tutti abbiano potuto apprezzare la serenità. Su una cosa vorrei essere molto chiaro: né quell'intervista né tanto meno – come i lettori hanno già capito – questo libro vogliono rappre-

157

sentare una sorta di *cahier des doléances*. Ringrazio Baget Bozzo per la solidarietà, ma io non ho nulla di cui lamentarmi, ho solo da esprimere la mia verità. Che può essere considerata giusta o sbagliata.

Va bene, lei non vuol presentare il conto delle lamentele, ma senta cosa ha dichiarato Norberto Bobbio dopo le dimissioni e l'elezione del nuovo segretario: «Dirò francamente che non mi è piaciuto molto il modo in cui è avvenuto questo cambiamento. A Occhetto è successa la stessa cosa di Gorbaciov: lui è quello che ha avuto davvero il coraggio di cambiare; lui ha scelto di dare vita al Partito democratico della sinistra. Se io fossi stato membro del Pds, quando Occhetto ha presentato le dimissioni le avrei rifiutate, come si deve fare in questi casi. Il fatto che le sue dimissioni, appena date, siano state accolte, e che lui sia stato sconfessato per una sconfitta elettorale avvenuta in condizioni difficilissime, mi ha fatto capire che il Pds aveva una crisi interna più grave di quello che si poteva immaginare da fuori». Lo pensa anche lei?

Sono d'accordo con Bobbio quando afferma che non può essere attribuita a me la responsabilità della sconfitta elettorale dei Progressisti.

C'è chi ritiene che la sconfitta di Veltroni può essere spiegata dal suo «abbraccio mortale» al candidato. Un bel complimento, no?

Può darsi che il mio appoggio gli abbia tolto qualche voto in quel Consiglio nazionale. Non credo però che gli abbia nuociuto a livello di base. Anche se vorrei ricordare che mi sono astenuto da una «campagna» a sostegno di uno dei due candidati per non diventare io un candidato ombra, per non avallare anche solo il sospetto che le mie fossero dimissioni strumentali. Ho mantenuto il silenzio più rigido. Sono arrivato a fare, al telefono con i giornalisti che mi cercavano implacabili, il maggiordomo di me stesso come ha simpaticamente scritto Augusto Minzolini sulla «Stampa», o addirittura la mia segreteria telefonica. Per tutto questo, e per un problema «morale» mi ha molto colpito che si sia parlato di un «abbraccio mortale».

L'esito di tutta questa vicenda non è quello che lei auspicava. È il vecchio Pci che ha resistito anche al ciclone Occhetto? L'elezione di D'Alema è, come è stato scritto, un passo indietro?

Pci è un nome magico che racchiude in sé limiti e grandi cose. Forse sono stato un ciclone, ma penso che se ho rappresentato una rottura, ho cercato di incarnare anche l'inveramento della parte migliore della nostra storia. Se D'Alema rappresenta un passo indietro o meno, lo si giudicherà dagli eventi. Per quel che mi riguarda è la discussione che ha portato alla sua elezione che è stata un passo indietro: visto che mi ero dimesso non era certo necessario ingaggiare una lotta politica per costringermi ad andar via. Invece, si è preferito risolverare vecchi motivi di contrasto per poter convogliare su quell'elezione componenti diverse e critiche nei miei confronti. Una sorta d'effetto d'ordine, una voglia di tranquillità rispetto ad una Segreteria che – come ha scritto Walter Veltroni quando mi sono dimesso – faceva venire il mal di mare.

6

LA CAROVANA E LA FRONTIERA

«La speranza che sia di nuovo la volta buona, e che
io torni a non capire più niente, a impossessarmi di
quella saggezza diversa, trovata e perduta nel medesimo istante.»

ITALO CALVINO

Si è sentito un corpo estraneo al partito?

Estraneo sicuramente no. Ho passato la mia vita prima dentro il Pci e poi nel Pds. Nello stesso Pci l'ho tra-
scorsa sicuramente da eretico, ma sapendo ascoltare,
svolgendo la mia battaglia politica dentro le regole, come fa chi non vuol solo testimoniare le sue idee ma le
vuole far passare. La prima cosa che ho scritto è il documento di protesta del circolo universitario milanese
contro l'intervento sovietico in Ungheria. Un documento drammatico, teso, che «Nuova Generazione», diretta
allora da Sandro Curzi, pubblicò nel suo primo numero
in prima pagina e con un grande titolo che diceva *La
tempesta passa nel cuore dei giovani comunisti*. Non solo.
Ho continuato ad esser eretico quando, da direttore
di «Nuova Generazione», chiesi la riabilitazione di
Trotzkij, quando in Comitato centrale – presenti Pal-
miro Togliatti e i padri fondatori del Pci – dissi che occorreva rivalutare il pensiero di Rosa Luxemburg. Anni
in cui dire quelle cose non andava molto di moda. Però ricordo che Togliatti sapeva apprezzare quelle eresie. Una volta gli portai, fresco di stampa, un numero
di «Nuova Generazione» nel quale si attaccava in mo-

do furibondo il XXII Congresso del Pcus. Col mio articolo suggerivo di andare molto oltre il XX Congresso per rinnovare il Pci. Glielo lasciai chiedendogli un parere. Il giorno dopo mi chiamò, mi disse che aveva trovato l'insieme del numero ed il mio articolo molto interessanti e, accompagnandomi alla porta, mi si avvicinò in modo confidenziale e mi disse «diffondetelo, diffondetelo, ma non solo tra i giovani, soprattutto nel partito che ha bisogno di leggere queste cose». E sempre a proposito di eresie, ricordo come uno dei momenti più belli della mia vita politica, la stretta collaborazione con Luigi Longo: mi cercò per farsi aiutare a scrivere alcune parti di documenti importanti dopo i fatti di Cecoslovacchia, come quello che si intitolò *Le frontiere del socialismo non coincidono con il campo dei Paesi socialisti*; mi chiese di fargli incontrare i dirigenti del movimento studentesco nel '68; ancora, mi inviò ad Hanoi, con la delegazione guidata da Giancarlo Pajetta, per preparare, dopo lunghi incontri con Ho-Chi-Minh e Giap, una campagna di solidarietà con il Vietnam. Nacque di lì la cosiddetta «generazione del Vietnam», preludio del '68.

Ma tutta la storia del nostro partito dimostra che eresia ed anomalia sono sempre state apprezzate. Sicuramente dal suo corpo democratico complessivo, popolare. Non è sempre stato così nell'apparato che senza dubbio coltiva una certa ortodossia e teme i comportamenti anomali. Ma sia chiaro che non sto denigrando i funzionari, se non altro perché funzionario lo sono stato anch'io.

La differenza tra vertice e corpo vasto del partito è forse ben rappresentata dal contrasto netto tra il gelo di quel Consiglio nazionale e il calore con cui lei veniva accolto sulle piazze delle campagne elettorali. Non si rimprovera il fatto di non aver messo mano ad una riorganizzazione del Pds che facesse coincidere quelle due facce?

Rispondo con la metafora della carovana e della caserma. Vista l'impresa nella quale ci eravamo imbarcati, credo che sia stato giustissimo da parte nostra indicare come orizzonte della nostra cultura, della nostra passione, non tanto il partito quanto il Paese. Abbiamo vissuto una difficilissima transizione – perché non dobbiamo dimenticare che in questi anni non è stato arduo solo fare la svolta ma anche condurre quella fase di passaggio – e in momenti di trasformazione non si può lavorare come nei momenti di pace. È come per gli eserciti. Per un esercito in pace ci sono le caserme, i passaggi di carriera, c'è tutta una sapiente e giusta maestria di organizzazione interna che deve essere la più accurata, anche per esser pronti al momento del combattimento. Il fatto è che dall'89 in poi la nostra non era una caserma che doveva semplicemente cambiare insegna e riverniciare i muri ma una carovana che doveva conquistare la frontiera, passare il guado, attraversare rapide pericolosissime. Gli organigrammi e le gerarchie, in questo caso, sono completamente diversi.

Negli ultimi tempi io per primo avevo sentito che, passati dall'altra parte, bisognava metter mano al partito perché il sistema di vita dei momenti difficili doveva lasciare il posto ad una fase di riorganizzazione delle forze. Tuttavia anche questa nuova fase non può ripiegare sull'idea che si formino dei quadri che abbiano come visione preminente l'orizzonte interno di partito, quasi come se il problema del governo fosse fondamentalmente la conquista del potere sul popolo di sinistra e non il governare l'Italia. Proprio per questo spero che ci sia la capacità di capire che l'orizzonte nostro deve restare quello del Paese.

Ma lei, personalmente, è pronto ad acquartierarsi nella caserma riorganizzata in tempo di pace?

Io non mi sento più uomo che torna in una caserma. La mia vita ormai è nella carovana. Anche perché gli sviluppi della vita politica italiana e internazionale mi convincono sempre più che il processo di scomposizione e di ricomposizione delle forze è tutt'altro che finito, che la carovana deve riprendere con coraggio il proprio cammino, magari utilizzando tutti gli spezzoni, i più grandi e i più piccoli, della sinistra ma in un contesto e dentro un orizzonte che guarda ben oltre.

Così non conferma l'idea che fosse proprio lei l'elemento di «disordine» della politica italiana? Non sente anche lei giunto il momento di fermare il viaggio e rimettere ordine nell'edificio politico?

Intanto voglio dire che, ancora una volta, si fa confusione tra chi vede il disordine e il disordine reale che ci circonda. Io resto convinto che non si può mettere ordine – cosa indubbiamente necessaria – praticando la politica dello struzzo. Non è che io non voglia tornare nella caserma perché sento la vocazione dello zingaro. Il fatto è che sono convinto che la fase della transizione, in Italia, sia tutt'altro che conclusa. Chi ha salutato il risultato elettorale, con quel che ne è seguito, come il primo grande momento di stabilizzazione – che non a caso ha dato come frutto immediato il tentato decreto colpo di spugna – in realtà è già stato ampia-

the crisis continues

mente smentito dai fatti. Non c'è stabilizzazione né dentro i partiti né nelle grandi aree politiche e culturali di questo Paese: non c'è a sinistra, non c'è nell'area laico-democratica, non c'è a destra, non c'è nell'area cattolica che non può esser certo rinchiusa nei risultati del congresso del Partito popolare. Lo dimostra il fatto che Romano Prodi abbia annunciato di sentire il dovere morale di impegnarsi politicamente proprio perché c'è una voragine lasciata aperta da chi pensava che fosse arrivato il momento di mettere ordine senza inventare nulla di nuovo.

E quindi la carovana deve ripartire. Per dove?

Sento che la carovana deve guadagnare la frontiera e la frontiera si colloca ormai molto oltre la stessa sia pur importante riforma del sistema politico. La frontiera passa dentro ciascuno di noi, mette in gioco le nostre categorie e i nostri pensieri, i nostri sentimenti e le nostre passioni. La frontiera unisce donne e uomini che fino a ieri sembravano destinati a rimanere tra di loro divisi. La nostra nuova frontiera è come il lieve giro di un caleidoscopio. Basta lo spostamento di un millimetro e gli specchietti si compongono a formare un nuovo mirabile riquadro. Per questo si può essere uomini della svolta dentro ma anche oltre il Pds.

Oltre la sua amata creatura?

La mia difesa appassionata della profondità culturale della svolta non implica una acritica valutazione dei suoi limiti, ma anzi contiene la consapevolezza che si tratta, oggi, di dare nuovo spessore culturale al partito sorto

164

dalla svolta. Voglio essere chiaro sino in fondo e fare un'affermazione che potrà apparire clamorosa: il Pds è una delle formazioni nate dalla svolta. La svolta parla a tutta la sinistra e il cammino intrapreso con la svolta può essere proseguito da tutte le forze del rinnovamento che, dall'89 in poi, operano in suo nome.

Un conto è la svolta, un conto è il Pds. Non ho dubbi che la parola Pds, a me particolarmente cara visto che l'ho tenuta a battesimo, rappresenti nell'arcipelago progressista e della costituente democratica un valore primario ed importante. Ma questo valore primario ed importante lo si conquista e conferma giorno per giorno, sul campo. Non è un bene acquisito solo perché si è il partito dal quale un gruppo dirigente ha proposto, un giorno, la svolta. È possibile, si è già verificato, che altre forze, altri uomini e donne possano presentarsi come interpreti di quel processo sul piano dell'approfondimento culturale come nell'azione politica.

In sostanza, chi avrà più filo, tesserà più tela. Come abbiamo dimostrato sin qui, la svolta non aveva come referente esclusivo le vicende del Pci ma parlava più in generale a tutta la sinistra ed alla società italiana. E ciò vale anche per oggi, per il nuovo viaggio che la carovana deve intraprendere: possono e devono mettersi in cammino, portare a compimento il percorso iniziato il 12 novembre dell'89, tutte le forze della sinistra. Il processo non si esaurisce in un solo partito ma, sollecitato da un sistema politico alternativo, deve realizzare uno schieramento più ampio che coinvolga partiti, movimenti, società civile in una vera costituente democratica. La vera e grande alleanza democratica.

Insomma, se il Pds non è l'unico figlio della svolta, l'uomo della svolta può proseguire la sua battaglia fuori dal Pds?

L'uomo della svolta è prima di tutto dentro quella costituente. L'esser dentro o fuori del Pds diventa un aspetto quasi secondario.

Se non è importante dove, per cosa si vuole impegnare ancora l'uomo della svolta?

I terreni su cui impegnarsi sono molti. La questione più affascinante, tuttavia, resta, come dicevo prima, il mettere in discussione non più soltanto il sistema politico ma le forme stesse della politica e della democrazia.

E come si può farlo?

Non credo che possa essere affidato alla ricerca di una sola persona. Sarebbe molto importante mettere al lavoro un pool di politici e di intellettuali. È interessante come proprio le nuove forme espressive delle società moderne contengano in sé elementi degenerativi e di appiattimento non solo del pensiero politico ma molto più in generale del pensiero comunitario, cioè del modo col quale le donne e gli uomini si rapportano tra di loro. Infatti molto spesso i nuovi strumenti di comunicazione tolgono dall'orizzonte del pensiero le contraddizioni dialettiche. Parlo di quella dialettica che è collegata a una forte sensibilità per la storicità, alla consapevolezza che l'evento non può essere avulso da una serie di relazioni complesse e quindi può avere sfaccettature, differenti verità, vari modi di apparire. Questa visione è invece immediatamente appiattita dalla noti-

modernity

zia bruciata nel corso di pochi secondi, capace di determinare eventi di proporzioni gigantesche ma che poi si spengono all'improvviso.

Perché questi limiti del sistema informativo e comunicativo dovrebbero esser penalizzanti solo per la sinistra?

Questa riflessione, a mio avviso, è più importante per la sinistra che per la destra. Le facili critiche delle sconfitte della sinistra non tengono conto del fatto che la sinistra ha molto più lento il ritmo della propria prova perché deve affrontare problemi sistemici di fondo che per la destra non sono problemi ma l'esatto contrario. Infatti ciò che per la sinistra è un problema, per la destra sono le condizioni naturali della sua vittoria.

Per esempio?

L'etero-direzione. E ciò che mi colpisce è che siamo ben lontani dalla consapevolezza che rischiamo di tornare a una visione dello scontro politico molto simile a quella dei tempi della disfida di Barletta, quando si pensava che si potessero conquistare terre e reami attraverso le «giostre» tra pochi valorosi combattenti. Giostre che oggi sarebbero sostituite dai «braccio di ferro» televisivi. Così si torna indietro rispetto alla stessa consapevolezza acquisita dagli eserciti napoleonici: quella della necessità di tener conto dell'entroterra complessivo, del rapporto tra abilità manovriera e retroterra strutturale, economico e sociale di un intero Paese.

Ha parlato di un pool di politici ed intellettuali per affrontare non solo i problemi dell'informazione ma anche quelli della democrazia. Quale compito affiderebbe loro?

Sì, ho parlato anche dei problemi della democrazia perché linguaggio, informazione e democrazia sono fusi l'uno nell'altro. Non c'è dubbio che attardarsi a definire Paesi democratici quelli che non sono retti da dittature aperte è un errore. È del tutto evidente che ci troviamo di fronte a mezzi ben più sottili e complessi per mettere fuori campo consistenti minoranze o anche delle sostanziali maggioranze. Arrivo a dire che, anche scavalcando le differenze tra destra e sinistra, si può giungere a degli scambi coperti, non detti o semplicemente intuiti ma funzionali al sostegno reciproco di poteri formalmente avversi, attraverso atteggiamenti che servono agli uni e agli altri per mantenere il proprio potere. Una nuova capacità di analisi dovrebbe indurci ad una indagine su come si muove il potere, in evidente continuità con la fase precedente.

Cosa può contrapporre la sinistra a tutto ciò?

Innanzitutto la coscienza che in queste nostre società cosiddette moderne esiste una conculcazione effettiva della democrazia reale. La stessa democrazia formale è più volte calpestata mentre quella reale non si esprime. Se non si pone con chiarezza questo problema non si giunge a quello che dovrebbe essere l'obiettivo della costituente democratica: mettere insieme una serie di regole, di atteggiamenti e di comportamenti capaci di inverare la libertà reale.

Bellissima espressione, libertà reale! Contiene in sé il meglio della volontà di salvaguardare la capacità di espressione, la creatività, direi anche l'intima gelosia della personalità di ciascun individuo. Non nella separatezza di un isolato Robinson Crusoe ma in quella socialità che costruisce gli strumenti affinché la libertà di ciascuno non sia di ostacolo alla libertà degli altri. Non esiste obiettivo più alto per il quale battersi. Ogni volta che ci si accorge che la politica perde il proprio faro, quello capace di illuminare questo obiettivo, si perde di vista il perché, il significato della politica.

L'idea di un mondo usa e getta, di tempi sempre più veloci e «leggeri» che bruciano emozioni, drammi e storie nello spazio di una inquadratura televisiva, è spaventosa. È questo il futuro che consegniamo ai nostri figli? Un politico, artefice almeno in parte di tutto ciò, sente il peso di questa responsabilità?

Sì, viviamo una grande crisi di valori e la nostra generazione ha una grave colpa verso i più giovani. Possono anche rimpinzarsi di panini, giocare con i videogames e saltellare col telecomando tra un centinaio di canali televisivi ma, se smarriscono il significato, perdono il motivo centrale della vita. Di una vita che possa essere degnamente vissuta o parzialmente felice. Quindi tornare al significato è oggi il compito fondamentale di una riflessione che è insieme politica, filosofica e culturale di altissimo livello. Per questo vale la pena di inventare una politica diversa. Con ciò non voglio dire che si debba radere al suolo tutto, che si debbano cancellare le attuali forme della politica o i partiti. Sento però che i partiti devono lasciare libera la vocazione ad una ricerca radicalmente innovativa. In sostanza, non debbono frapporsi a questo inesauribile viaggio che ci condurrà verso la nuova frontiera del Duemila, che vedrà entrare in campo generazioni che ancora non conosciamo e che demoliranno pietra su pietra l'edificio politico che conosciamo.

Una nuova rivoluzione?

Non lo so. Sarà un '68 all'ennesima potenza. Il '68 ha messo in discussione i princìpi di autorità dentro il vecchio sistema scolastico, il nuovo '68 metterà in discussione un principio di autorità ben più tremendo. Quello descritto dalle grandi utopie negative, quello del «Grande Fratello», e che ha ormai non più solo nella formazione ma nel ciclo completo di informazione e formazione il suo nucleo centrale.

Il rischio non è quello di mettersi di traverso all'evoluzione delle tecniche moderne, del loro impiego impetuoso su scala planetaria?

Naturalmente questi temi non possono essere affrontati in chiave puramente letteraria, a favore o contro i mass media. Non è di questo che si tratta. Non esiste una diabolicità neutra della tecnica. La tecnica è utilizzabile, in qualsiasi momento, per fini buoni o cattivi. Tutta la storia dell'umanità ha ampiamente dimostrato la verità di questa affermazione. Esistono prima di tutto le idee e la tecnica funziona positivamente per il bene complessivo dell'umanità se funzionano le idee. Occorre farle ripartire in direzione esattamente contraria a quella del liberismo selvaggio. Nella direzione cioè di una maggiore consapevolezza dei reciproci rapporti tra individuo e comunità. Ciò chiama in causa un nuovo individualismo, più alto perché socialmente consapevole. Al di fuori di una concezione chiara del valore dell'uomo, dell'individuo e del suo essere sociale non esiste pensiero e tanto meno può esistere pensiero politico. Sicuramente non esiste pensiero democratico.

Quali sono gli strumenti da utilizzare?

Innanzitutto le idee. Già l'impostare in questi termini la questione è molto importante. Occorre trovare donne e uomini disposti a farlo. I mezzi possono essere i più svariati. Il principale è considerare che gli strumenti, anche i più sofisticati della tecnologia moderna, possono essere usati in due modi. In un rapporto unico dall'alto al basso, delle volte camuffato attraverso i sondaggi con un ritorno dal basso verso l'alto; oppure in un rapporto circolare per ricreare le condizioni perdute dell'agorá greca, superate per l'ampliarsi degli Stati moderni, così che la tecnologia consenta di intervenire da ogni angolo della terra come se si fosse nella stessa piazza. In modo che tutti possano entrare nel circolo della formazione e trasmissione delle idee e rendere più rapida la capacità di decisione, quella di consultazione e quindi di partecipazione democratica. La tecnologia è guidata dalle idee. Oggi dunque il problema è dare degli indirizzi, fornire per l'appunto anche dei significati alla ricerca scientifica. Il medievalista Marc Bloch spiegava che il mulino ad acqua arrivò a sostituire la forza dei servi della gleba solo molto tempo dopo che le stesse tecnologie erano state studiate e realizzate per l'uso militare perché lo stimolo che era stato dato alla ricerca era per l'appunto quello militare.

L'altro obiettivo concreto è uscire dalla risibile gara di chi è più favorevole al mercato. Ormai sappiamo tutti che il mercato ha una sua funzione di regolazione dei rapporti economici. Era sbagliato considerarlo come il diavolo prima, è altrettanto sbagliato vederlo come una sorta di toccasana oggi. Il mercato va concepito come uno strumento in continua trasformazione. Il vero dibattito dovrebbe iniziare di qui. Cioè che cosa si vuol far fare, quali direttive, quale significato e senso si dà all'operatività del mercato. «Leggere» il significato di quel che dal mercato emerge e, se esso non è democraticamente ed ecologicamente sostenibile, individuare gli strumenti istituzionali, economici e politici da immettere nel mercato per restituirgli quel senso.

Terzo obiettivo è andare oltre la semplice ripetizione declamatoria dei diritti di cittadinanza. È diventata anche questa una nuova giaculatoria. Credo che non si capisca il senso alto dell'affermazione dei diritti di cittadinanza come primo organico superamento, attorno ad un progetto concreto, della vecchia distinzione tra democrazia formale e democrazia sostanziale. Inoltre non si capisce ancora che si può declinare diecimila volte la formula «diritti di cittadinanza» senza fare un passo avanti, se a tale espressione non si collega una ridefinizione dello Stato sociale che non venga vista come aggiuntiva rispetto alla santificazione del mercato bensì il motore di un nuovo modello di sviluppo.

Come si vede, la diversità tra un programma autenticamente democratico e il programma della destra è profonda. Si tratta di due concezioni diverse delle società umane.

Può persino essere vero, e molte volte sono stato preso da questo dubbio, che destra e sinistra altro non siano che due funzioni di uno stesso organismo che in certi momenti, per sopravvivere, ha bisogno di un'iniezione di destra. Può anche essere vero. In parte è stato sicuramente vero nel corso dello sviluppo delle società umane. Un eccesso di innovazione, che induce a momenti di disorganizzazione, può recare come reazione la richiesta di un effetto d'ordine. Naturalmente è una considerazione relativa perché, al di là di questo naturale bisogno di un passaggio da situazioni di maggiore tensione a momenti di riorganizzazione delle forze, che può spiegare una fisiologica alternativa tra moderati e progressisti, si esprime però una pericolosa destra eversiva incapace di affrontare i problemi e le domande che fin qui mi sono posto. Su questo chiamo all'azione, faccio un appello alla ricerca di quanti vogliono presentarsi all'appuntamento.

Il fatto che possiamo trovarci in una situazione formalmente democratica ma nello stesso tempo profondamente autoritaria è il vero problema che ci deve assillare. Infatti la dittatura delle maggioranze non risolve la questione eterna posta dalla coscienza liberale. Non si può far torto ad un individuo anche se fosse l'unico a pensarla diversamente da tutti gli altri.

Siamo arrivati molto, molto lontano dal punto di partenza, dal 12 novembre '89, giorno della svolta...

Sono assolutamente convinto che queste osservazioni, queste riflessioni, se vuole anche queste inquietudini, sono figlie della svolta. Sicuramente non è detto che aver votato sì alla svolta voglia dire sentire con la stessa acutezza tali problemi. Ma sono profondamente convinto che, se si è seguito un certo filone di pensiero, se lo si è dipanato fino al suo contenuto primitivo, si arriva – oltre che agli appuntamenti più concreti della politica – a portare sul terreno della politica quello che fino ad oggi poteva essere relegato nel cielo delle meditazioni metafisiche o filosofiche. In fondo la nuova svolta, la «Bolognina 3» che qualcuno aveva invocato,

173

altro non è che questo. Non è altro che guardarsi nello specchio della svolta, riscoprire il filone autentico e le ragioni ideali della propria sofferta ricerca per guardare oltre gli atti compiuti, per non presentarsi appunto come guardiani statici di quella scelta ma come l'espressione del cammino di una carovana che oggi, dopo la fine del secolo socialdemocratico e il crollo dei regimi dell'Est, chiama a raccolta il popolo della sinistra, tutte le forze autenticamente democratiche. Un popolo che oggi si riconosce in vicende e obiettivi contraddittori e diversi tra di loro e che auspico possa ritrovare il senso collettivo della propria appartenenza ad una grande idea di innovazione, rigenerazione e liberazione della società umana.

Ma fuori sento un gran vuoto.

Un vuoto voluto, ma anche sofferto. Dopo le dimissioni, per spiegare il suo stato d'animo e la sua sofferenza, ha usato la metafora dell'altoforno. La sua ansia, le sue difficoltà nascevano dal dover spegnere da un giorno all'altro la fonte d'energia che ha alimentato la sua attività frenetica, quando gli operai sanno bene che l'altoforno va abbassato e poi spento molto lentamente per evitare che si crepi. Nello stesso tempo però si è immedesimato nell'evaso felice, in fuga con il suo pigiama a righe verso la frontiera del Messico, cui l'aveva paragonato Michele Serra sull'«Unità». Non c'è contraddizione tra le due cose?

Sì, ma è spiegabilissima. Quando ho letto il bellissimo pezzo di Serra – che ringrazio perché dimostrava sincero affetto – ho capito che quelle parole mi avrebbero aiutato a coltivare un senso di liberazione che effettivamente ho provato subito dopo le dimissioni. Difatti lo stacco netto tra il peso della responsabilità prima e, immediatamente dopo, la possibilità di avere uno spazio individuale più forte e libero, mi dava in quel momento difficile il senso di una potenzialità nuova, di sollievo. Sensazione che ho provato anche quando mi sono reso conto che a Botteghe oscure era riunito il Coordinamento politico ed io non ero presente.

Tuttavia questa sensazione ha lasciato abbastanza presto il posto alla sofferenza. Non avevo calcolato che questo altoforno non poteva essere spento da un momento all'altro senza provocarmi vero dolore. Dopo di che è avvenuto qualche cosa che non era prevedibile e che ha reso tutto più difficile: il riaccendersi di una battaglia politica nei miei confronti, fatto che ho considerato ingiustificato e che ha reso più complicato il distacco. Io avevo un bel cercare di esser laico ma mi accorgevo che c'era ben poca laicità attorno a me.

Nelle sue Note di viaggio, citando La variante di Lüneburg *di Paolo Maurensig, lei sembra immedesimarsi nell'antieroe, quello convinto che non si vive di soli scacchi, che sia indispensabile lasciarsi una possibilità di scelta ed una clausola di libertà. Eppure, alla fine di questa conversazione, mi sembra chiaro che l'altoforno è ancora acceso e che la sua anima è sempre lì, sulla scacchiera. Si può vivere senza scacchi? Come si risolve la contraddizione tra quella convinzione e la sofferenza del distacco?*

Sicuramente è la contraddizione più lacerante. Nelle Note di viaggio, infatti, confesso che in fondo sono attratto da entrambi i personaggi. Pur ritenendo più giusta la visione della vita dell'antieroe. Proprio per questo occorre progressivamente liberarci dall'idea degli scacchisti di professione. Avere quindi nel corso della vita una sorta di rotazione tra momenti di interesse e di impegno diversi tra loro. Però devo dire che è molto difficile, molto difficile. Quando un uomo si è strutturato – come si diceva una volta – come «rivoluzionario di professione» o – come si dice oggi in modo più prosaico – come «politico di professione», è del tutto evidente che la contraddizione tra il proprio modo di pensare e quel che si sente interiormente e la costruzione che si è fatta nel corso degli anni di se stesso rimane drammaticamente aperta. Rimaneva aperta persino nel pieno della mia attività politica. Certe volte desideravo evasioni radicali, sia intellettuali sia culturali, e appena potevo cercavo di staccare rispetto alla quotidianità della politica. Non sono mai stato uno di quei politici fanatici che d'estate si presenta con il pacco di giornali in riva al mare. Anzi riuscivo a non leggerli, mi facevo solo dire le notizie più importanti per sapere se era successo qualcosa di grave che mi avrebbe costretto a tornare rapidamente al lavoro. In quel caso, come è avvenuto per il colpo di stato contro Gorbaciov o per la guerra nel Golfo, ritrovavo immediatamente il ritmo della decisione e della politica. Ma per il resto cercavo mondi e passioni totalmente diversi: quello innocente della vela e del dormire in rada; cucinare il pesce sulla base di ricette in parte inventate da me; la preferenza per le letture letterarie anziché saggistiche; oppure l'erbario col quale comincio questo racconto e che, nel momento in cui sentivo avvicinarsi il declino di tutta una vita di impegno politico, mi faceva tuffare nella natura per cercare interessi nuovi. Sono tutti segni evidenti della volontà di vivere una vita anche diversa, di difendere in se stessi qualcosa di prezioso e intimo e se si vuole di estraneo alla vita politica professionale.

Ma bastano i libri, l'erbario, una traversata di bolina e il sal-moriglio dalla ricetta segreta per il pesce alla brace? Davvero l'altoforno può essere spento catalogando le mille sfumature di verde della macchia maremmana? Rileggendo questa intervista mi sono convinta che la partita a scacchi continuerà a tentarla ancora. È così?

Se la carovana riprendesse per davvero il cammino io non potrei che essere là, con gli altri.

Con gli altri o davanti agli altri? Se le chiedessero di riprendere la testa della grande carovana della sinistra in marcia verso la nuova frontiera, con responsabilità diverse dal passato, e più «larghe» rispetto a quelle ricoperte nel Pds che del convoglio è solo parte, come risponderebbe?

A dir la verità non ci credo, comunque risponderei: la partita a scacchi potrebbe continuare. È un omaggio a Vittorio Foa che, nel suo bellissimo libro *Il cavallo e la torre*, ha presentato la svolta come uno degli esempi più significativi della mossa del cavallo. L'unica, nella sua originalità e imprevedibilità, in grado di scompaginare gli schieramenti in campo.

Ma lei crede che, a questo punto, sia possibile una nuova mossa del cavallo?

Le rispondo con un gustoso frammento di dialogo tratto da *Oceano mare* di Alessandro Baricco:
    «Ogni tanto mi chiedo cosa mai stiamo aspettando.»
Silenzio.
«Che sia troppo tardi, madame».

APPENDICE

I PRIMI DOCUMENTI
DELLA SVOLTA

CAMBIA IL MONDO, NON POSSIAMO STARE FERMI*

La situazione politica generale ha subìto una accelerazione di proporzioni incalcolabili.

Non ci troviamo infatti solo dinnanzi a eventi che, come ho già avuto occasione di sottolineare, tendono a cambiare la configurazione degli assetti mondiali così come sono scaturiti dalla seconda guerra mondiale.

Si tratta anche, in questo caso, di qualcosa che chiama in causa la suddivisione del mondo decisa a Yalta, che non può non aprire una questione internazionale di proporzioni sconosciute nel dopoguerra, e che si riassume nell'esigenza di un nuovo governo del mondo che, a partire dal riconoscimento dell'autodeterminazione dei popoli, non potrà essere ingessato dentro i limiti del bipolarismo.

La questione tedesca andrà affrontata in un contesto del tutto nuovo. Molto probabilmente solo nel quadro di una intensificazione del processo di integrazione europea. Infatti, se è vero che occorre tenere i nervi a posto, è anche giusto prendere in considerazione le prospettive dell'unificazione tedesca. Nel tradizionale dibattito sulla questione va presa seriamente in considerazione anche la possibilità di forme originali di coordinamento tra i due Paesi nel contesto della integrazione europea. Brandt ha delineato nei giorni scorsi una impostazione analoga.

Ciò che sta avvenendo esige una accelerazione di proporzioni fino a poco tempo fa impensabili; una riflessione attenta ma non pigra sulla funzione e collocazione di tutta la sinistra, e quindi

* Testo della relazione alla Direzione del 14 novembre.

181

anche nostra. Si tratta infatti di prendere per tempo coscienza del fatto che ciò che è accaduto a Berlino si presenta come il catalizzatore, nello stesso tempo sconvolgente ed emblematico, di un processo che nel corso di questo '89 ha messo in luce ciò che sapevamo, ma ha anche sgretolato un mondo, lo ha colpito non solo nell'immagine ma nella possibilità di presentarsi come una realtà che, sia pure attraverso vie autoritarie, poteva in qualche modo costituire una tappa, per quanto terribile, verso il socialismo.

Ciò non era possibile, come noi stessi abbiamo più volte detto. E la consapevolezza di questo fatto, per vie tortuose, si fa strada nella più diffusa coscienza popolare. Non è ancora possibile immaginare cosa tutto ciò possa produrre, quali effetti può avere il venir meno di identità di fondo, quali interrogativi tutto ciò può suscitare anche riguardo la nostra collocazione.

Rimane tuttavia dinnanzi a noi un dato inoppugnabile. Il processo storico da cui veniamo, da cui ha preso il nome il movimento comunista, che ha il suo momento di definizione politica internazionalista con la scelta leninista dell'Ottobre, quel processo si trova oggi a fare i conti con uno sconvolgimento che presenta tutte le caratteristiche di una crisi storica.

La realtà che sta dinnanzi all'opinione pubblica è quella di paesi che, oltre a soffrire di serie difficoltà economiche, si battono, sia pure in forme diverse, per la libertà. Tutti, esultiamo per la riconquistata libertà. Ma da chi? Io stesso avrei esultato di più se la lotta per la libertà non fosse dovuta avvenire in regimi che pretendevano di richiamarsi al socialismo.

La differenza e l'originalità del nostro tragitto ideale e politico sono davanti agli occhi di tutti. Non è questo in discussione, né è possibile a nessuno ignorarla. Non occorre ricordarne le tappe, i momenti più significativi. Tuttavia siamo di fronte a un vero e proprio salto di qualità. Tale salto di qualità trova le sue ragioni più immediate in una gigantesca ricollocazione delle forze in campo.

Già nel corso della visita a Budapest si era da parte nostra potuto constatare come non solo motivi politici ma anche una ben più cogente questione di sopravvivenza di una forza di socialismo democratico spingevano quel partito a gravitare attorno all'Internazionale socialista, e, da parte nostra, suggerivamo a quello Stato di gravitare nell'orbita dell'integrazione europea. Le vicende insieme liberatorie e sconvolgenti legate alla demolizione del muro di Berlino spingono nella stessa direzione e sono destinate a coinvolgere nel medesimo processo tutta l'Europa dell'Est.

Questo movimento della storia, che ci riconsegna un'Europa sconvolta nei suoi equilibri e nei suoi indirizzi ci pone dinnanzi a molteplici problemi.

Appare con sempre maggiore chiarezza che lo stalinismo (e poi la sua variante brezneviana) ha trasformato la grande vittoria politica e morale della Resistenza in una politica di potenza che alla luce dei fatti ha condotto a una dissipazione di quel patrimonio ideale, del suo più grande significato di lotta per la libertà.

Emerge con altrettanta chiarezza che non solo il socialismo non è stato realizzato ma che in alcuni paesi non è stato nemmeno tentato.

Si è realizzato così un collettivismo burocratico di Stato che ha finito per negare gli ideali del socialismo e per arrecare un danno inestimabile a tutte le forze che vogliono, come noi, mantenere aperta la via al rinnovamento della società.

Quando ai compagni ungheresi ho detto che per noi non c'è socialismo senza libertà e che pertanto non si è mai costituita una società socialista, essi hanno annuito rincarando la dose, affermando, cioè, che da loro c'è stata solo una forma di capitalismo di Stato.

Infine appare in tutta evidenza la fine di un internazionalismo comunista.

Noi abbiamo già affermato da tempo di non far più parte del movimento comunista, ma anche una simile affermazione appare ormai del tutto insufficiente, non solo dinnanzi al fatto che un movimento comunista non esiste più nella realtà, dal momento che l'interesse fondamentale di Gorbaciov è quello di preservare le alleanze statuali, al di sopra di ogni altra considerazione, ma anche perché la funzione riorganizzatrice e centripeta della Internazionale socialista diventa centrale ed è destinata ad accentuarsi.

In questa situazione sarebbe sempre meno plausibile, da parte nostra, restare in una posizione che alla fine impedirebbe di assolvere a qualunque rilevante funzione internazionale.

In queste circostanze non regge la mera esaltazione della nostra originalità.

La situazione ci impone di non ragionare in modo sentimentale, ma di vedere con lucidità e con freddezza le cose come stanno.

La nostra caratterizzazione autonoma ci consentiva di svolgere un compito efficace fino a che era possibile pensare alla prospettiva di una eurosinistra che apriva una strada nuova e liberatrice a tutte le forze del socialismo europeo.

Ma oggi assistiamo a un grandioso e inarrestabile processo di sgretolamento, nel quale è ancora molto difficile vedere in quale direzione muoverà il nuovo.

Si tratta di un processo davvero sconvolgente, che ha una portata – per fare un esempio – non minore della votazione dei crediti di guerra da parte delle socialdemocrazie europee all'inizio del secolo.

Ci troviamo dinnanzi a una di quelle novità che inducono a riflettere su tutta la nostra prospettiva. A meno che ci si voglia rinchiudere in una funzione provinciale, che ci riduce a preesistenza storica nazionale. Far ciò, in nome della nostra indubbia originalità politica e ideale, finirebbe per rendere sterile anche questa. Dobbiamo capire in tempo che anche la nostra originale identità nel nuovo quadro internazionale, o si ricolloca o è destinata a spegnersi.

Non dobbiamo dimenticare le tre tappe fondamentali della nostra grande funzione, che ha contrassegnato la nostra identità.

1) Siamo stati la parte più dinamica e intelligente del movimento comunista.

2) Siamo divenuti un partito che, con lo strappo, si poneva in una collocazione autonoma, di critica e di stimolo.

In questa collocazione, come nella prima, abbiamo assolto a una grande funzione, ivi compresa l'influenza sulla stessa perestrojka.

3) Siamo oggi partito della sinistra europea, questa caratterizzazione è chiamata adesso a svolgere tutte le potenzialità.

Senza una accelerazione dei rapporti con l'Internazionale socialista sembra difficile svolgere una effettiva funzione a livello internazionale, soprattutto sembra difficile avanzare nella direzione di aggregare, come è nostra volontà, una sinistra nuova, capace di parlare a tutte le forze di progresso, all'Ovest e all'Est.

Il progetto dell'eurosinistra, e di una nostra autonoma funzione in questo quadro, solo così può realizzarsi, in un contesto reale e non immaginario. Non vedo altra via per inverare, trasmettere, dandogli nuova vita, la originalità della nostra storia e della nostra politica. Il muro di Berlino è stata una vergogna per la storia e per la civiltà che noi vogliamo continuare a rappresentare. Nello stesso tempo la sua demolizione è una grande occasione di liberazione di tante energie, in Europa e anche in Italia.

Esiste la possibilità di raccogliere energie nuove, ma vedo anche la possibilità di rimettere in moto tutte le forze disperse di una sinistra diffusa, di una sinistra sommersa e scoraggiata.

Ciò che ci deve guidare è una grande visione, la visione di una grande forza democratica che risponde alle esigenze della nazione.

Solo in quanto ci definiamo in positivo, e rispondiamo alla esigenza oggettiva di fornire al Paese una sinistra capace di affrontare la grande questione democratica che ci sta dinnanzi, assolveremo anche a una funzione più generale di ricomposizione della sinistra.

È dunque da respingere ogni visione subalterna, che si acconciasse alla richiesta di altri di accedere a una non meglio definita unità.

Oggi siamo chiamati a definire noi stessi rispetto a un nostro progetto. Il problema che ci sta di fronte è quello di rispondere in termini positivi alla questione posta al congresso.

No al cambiamento del nome sotto l'impulso di una richiesta esterna; sì, dinnanzi al prodursi di qualcosa di nuovo.

La novità internazionale, così come ho cercato di caratterizzarla, mi sembra già di per sé rilevante.

Ma una cosa deve essere ben chiara: la novità alla quale noi guardiamo, con la quale vogliamo fare i conti, non è la crisi dei paesi dell'Est.

Tale crisi è per noi un fatto scontato. Noi abbiamo operato fervidamente affinché ciò che sta accadendo si realizzasse; c'è solo da aggiungere che se si fossero colte le nostre sollecitazioni tutto ciò, forse, si sarebbe potuto fare prima e meglio.

Noi non abbiamo ricette da imparare, e manteniamo fermo l'orgoglio delle nostre idee e della nostra funzione.

La nostra riflessione nasce da qualcosa di molto più importante, da un mutamento della realtà del mondo.

Soprattutto da un'Europa che si rimette in cammino, e deve riorganizzare la sua sinistra in un contesto più ampio e impegnativo.

Il superamento del bipolarismo nato a Yalta, che ha garantito, in un certo modo, il governo del mondo, la sua conflittuale stabilità, ci ripropone, anche a livello internazionale, la priorità dei programmi, il superamento del socialismo come ideologia, per affermare la democratizzazione e il governo mondiale dei problemi globali.

Possiamo pensare che un tale progetto si esprima solo nell'allargamento e rafforzamento del Pci, e non già nel dare voce, in forme nuove, a una rinnovata sinistra, non attendendo ma determinando fatti politici tali da catalizzare e fare emergere processi sotterranei, troppo lenti, che non emergono da soli?

Questo ambizioso proposito, in linea con la posizione di avanguardia di tutti questi anni (che oggi rischia però di diventare di retroguardia) deve inverare, rendere politicamente possibile il progetto congressuale di una democratizzazione globale.

Al Congresso avevamo visto ciò; oggi ancora di più tale ipotesi esce da ogni logica di blocco, e diventa movimento reale che attraversa i blocchi.

Ci troviamo dinnanzi a un nuovo inizio, che non è dispersione né autoflagellazione, ma capacità di risposta al nuovo che sorge, anche all'Est.

Non abbiamo nulla a che vedere con il crollo di quel passato, abbiamo molto a che vedere e molto da dire rispetto al nuovo che deve sorgere.

Noi non dobbiamo rompere con modelli che da tempo non sono più i nostri.

Ma esiste una verità oggettiva che non può non essere colta: che anche il meglio della nostra tradizione è stato vissuto dentro la logica dei blocchi.

Ciò vale anche per gli altri.

Il movimento socialista non può non collocarsi oltre quel quadro, e solo così può rilanciare gli ideali del socialismo.

Ma anche per chiedere agli altri di fare i conti con una realtà nuova, dobbiamo essere noi gli innovatori più audaci, svolgendo anche oggi il ruolo che è sempre stato nostro.

Noi abbiamo criticato radicalmente il rapporto tra mezzi e fini instaurato nei regimi comunisti in quanto esso ha distorto gli obiettivi storici del socialismo. Ciò ci consente oggi di impegnarci a dimostrare che il fallimento del socialismo reale non è la fine degli ideali socialisti.

Ciò comporta, nello stesso tempo, quel radicale superamento

della contrapposizione ideologica tra capitalismo e socialismo, di cui abbiamo parlato al Congresso, fondando il riformismo forte su una riconsiderazione storica che ci faccia vedere la verità della tradizione gradualista, nei termini di una processualità interna al movimento reale della società capitalistica. Una visione anche questa che è nostra, ma ben lontana dalle origini leniniste.

Vogliamo superare completamente lo iato tra politica di fatto e coscienza ideologica. A tal fine non sono sufficienti documenti, occorrono fatti e atti politici.

Ciò implica che l'accento venga posto sulla democrazia, sulla democratizzazione integrale della società così come l'abbiamo definita al Congresso.

Il movimento operaio ha senso come parte determinante di un grande movimento democratico al quale partecipino altri soggetti che sono tutt'altra cosa dalle alleanze sociali, gerarchicamente ordinate, della tradizione.

Questi altri soggetti possono riconoscere la loro funzione in qualcosa di nuovo a cui essi partecipano.

Per l'insieme di queste questioni si devono produrre tutte le novità che determinano la possibilità di una formazione politica capace di aggregare forze nuove.

A mio avviso si tratta di porre apertamente il problema.

Si può così aprire la strada a una vera e propria costituente, un processo alla cui fine vi sia una cosa nuova e un nome nuovo.

In questa direzione occorre muoversi, a partire dalle elezioni amministrative, con nuove liste unitarie.

Vogliamo così svolgere una grande funzione democratica e unitaria anche attraverso un forte richiamo a una nuova civiltà della politica.

Anche noi vogliamo distruggere i muri. Nello stesso tempo con grande calma difendere da attacchi settari la nostra prospettiva unitaria e non violenta.

Si tratta di lanciare un nuovo messaggio che passi sopra le attuali meschinità della politica italiana.

Avremo attacchi, si tratterà di difendere nel modo giusto la nostra autonoma decisione.

Sono tre le grandi idee che ci ispirano:

– democrazia; la democrazia integrale che abbiamo detto al Congresso;

– solidarietà, il congiungimento finora mai realizzato, cioè, di libertà ed eguaglianza;

– liberazione umana; l'obiettivo supremo e permanente, che si alimenta oggi della più grande rivoluzione non violenta della storia contemporanea, quella delle donne.

Si tratta di dar vita a una operazione positiva: di mostrare la capacità di agire nel mondo che cambia e di dare una risposta alla società nazionale.

C'è bisogno di un partito democratico, un partito del progresso, socialista e popolare che abbia come centro ideale la democrazia socialista, il socialismo e la libertà.

Questo può essere il modo migliore per fare vivere il meglio della nostra tradizione.

Non a caso ho voluto scegliere una assemblea di veterani per porre il problema.

Ho detto loro che è necessario inventare strade nuove per cambiare e unificare le forze di progresso; in sostanza ho detto loro: «avete vinto la seconda guerra mondiale nel nome della libertà. Si deve promuovere il nuovo, e non solo attendere il nuovo. Occorre oggi avere lo stesso coraggio di innovazione, anche al fine di conservare l'essenziale, altrimenti il rischio è che tutto vada sperperato».

Ho sentito un consenso quando ho affermato che una posizione conservatrice faceva venir meno la loro funzione storica, che è stata quella di raccogliere le grandi potenzialità della sinistra e in generale sarebbe contraria alle caratteristiche più di fondo, a ciò che è stato essenziale e ha reso grande il Pci.

Per questo sono fermamente convinto di proporre una linea, un atteggiamento che è l'espressione di ciò che c'è di meglio della nostra storia e che, in caso contrario, per la prima volta ci presenteremmo come dei conservatori.

La vera novità, rispetto alla nostra storia, sarebbe quella di non fare nulla, quella di non assolvere a una funzione nazionale per attestarci su una posizione residuale.

Solo in questo modo la crisi del mondo comunista non si riduce a una vittoria delle forze conservatrici e di destra.

È molto importante, per i tedeschi dell'Est, avere dall'altra parte del muro un uomo come Brandt.

La nostra vuol essere una scelta che è l'esatto contrario dell'adattarsi allo stato di cose esistente; il nostro progetto vuole aprire nuove possibilità e prospettive al rinnovamento nazionale, è una affermazione autonoma che vuole dare nuovo impulso alla sinistra italiana e alla sua unità.

Siamo in un momento in cui ogni forza socialista deve definirsi in positivo. Vale per noi e per gli altri: nessuno d'ora in avanti può ad esempio definirsi solo in quanto anticomunista.

La discussione vera non può essere quella fra due formule contrapposte: «l'unità socialista» e il «neo-comunismo».

Se ci si chiudesse in una partita di questo tipo, la divisione continuerebbe, alimentata da due posizioni entrambe settarie.

La vera questione, sbarazzato il terreno da vecchie polemiche, è quella delle idealità, dei programmi, della visione della società e delle istituzioni.

Si tratterà di aprire un vero processo unitario, di mettere la nostra forza autonoma al servizio della ricomposizione unitaria della sinistra.

E indubbiamente, ci proponiamo di rendere possibile l'alternativa, di sbloccare la situazione italiana, di togliere ogni alibi.

In sostanza ci proponiamo di dar vita a una nuova formazione politica, di raccogliere ed esprimere le grandi potenzialità della sinistra.

Il nostro cambiamento è a disposizione di questo obiettivo: e il nome ne sarà la conseguenza, il risultato.

Non vogliamo essere subalterni; non dobbiamo essere integralisti.

Stare fermi sarebbe un delitto verso il partito e la società. Sentiamo tutta la responsabilità verso la sinistra e verso noi stessi.

HO FATTO QUEL CHE DOVEVO*

Avete davanti mesi assai faticosi.

Anche voi, mi pare, avete il vostro daffare.

Non ha giocato d'azzardo, onorevole Occhetto? Si aspettava un'opposizione così dura e così estesa?

No, non ho giocato d'azzardo. Ma certo ho preso i miei rischi. Il segretario di un partito ha un diritto-dovere da adempiere ed è quello di proporre, di indicare strade nuove, adatte a tempi nuovi e a nuovi bisogni politici. Lo deve fare osservando le procedure e io le ho scrupolosamente osservate tutte: per prima cosa ho chiesto e ottenuto il consenso della Segreteria, poi ho discusso la mia proposta in Direzione, e successivamente in Comitato centrale al quale ho chiesto un voto chiaro. Poi ho di nuovo riunito la Direzione e il 21 ci sarà un altro Comitato centrale che stabilirà le norme organizzative del Congresso straordinario. Ormai la mia proposta è affidata al partito, a tutto il partito. Così bisognava fare e così ho fatto. Non c'è stato nessun azzardo, qui non giochiamo alla roulette. E nessun verticismo. Qualcuno doveva proporre e spettava a me. Ora è il partito che deve decidere. Le sezioni, i congressi provinciali, il congresso nazionale.

Ci saranno varie mozioni?

Penso proprio di sì.

Più di due?

Questo non lo so. Lo sapremo al prossimo Comitato centrale.

È la prima volta nel Pci?

* Intervista con Eugenio Scalfari apparsa su «la Repubblica» del 17 dicembre.

Dal '45 ad oggi sì, è la prima volta in questi termini.

Lei ha deciso molto in fretta di fare la sua proposta. Vorrei chiederle: che cosa l'ha spinto a forzare i tempi? È stato il crollo dei partiti comunisti all'Est? I polacchi, i bulgari, gli ungheresi, i tedeschi: è stato quello il fatto scatenante che l'ha spinto a proporre la rifondazione del suo partito?

Il crollo di quei partiti che lei ha indicato non ha avuto nessun peso sulle nostre decisioni. Era un crollo atteso e previsto da molto tempo. Ma noi eravamo già fuori da quel sistema che è stato chiamato il movimento comunista internazionale. Si può dire che ce ne aveva portato fuori Enrico Berlinguer fin dal 1969, cioè da vent'anni. E da allora, con forza crescente, non avevamo fatto che indicare gli errori e le colpe di quei partiti, le loro responsabilità storiche di aver gestito regimi totalitari in paesi che avevano avuto una storia di democrazia, un passato di libertà. Il fatto che, al vento della «perestrojka», quei regimi fossero caduti come castelli di carta non ci ha dunque né sorpreso né obbligato a rettificare nulla della nostra posizione.

Allora che cosa, onorevole Occhetto?

Il cambiamento del mondo. Il muro di Berlino, l'abbattimento del muro di Berlino. Quando questo fatto, simbolicamente enorme, si è verificato, io mi sono detto: ecco, questo è il momento, questa è l'ora, questo è l'evento che cambia il mondo dopo un'ingessatura di oltre quarant'anni. Ora dobbiamo mettere in gioco noi stessi e tutti, non soltanto noi, dovrebbero farlo, perché adesso, con quel muro abbattuto, il mondo non è più lo stesso.

È finito il mondo bipolare, il mondo della guerra fredda, dei due blocchi e dei due imperi contrapposti: è questo che lei vuol dire?

Sì, è finito e per sempre. È chiaro per tutti, ormai, che indietro per fortuna non si torna più.

Con quali conseguenze sulla situazione politica italiana?

Non solo italiana, naturalmente. Ma anche qui da noi le conseguenze sono evidenti. La divisione del mondo in due blocchi ha avuto effetti nefasti dovunque. Ha cancellato tutte le posizioni mediane perché o si stava da una parte o dall'altra. Ha impedito l'evoluzione, sia dall'una che dall'altra parte. Ha fatto coincidere la democrazia col capitalismo e il regime totalitario col socialismo. Ha appiattito e schiacciato la ragione col settarismo. Un esempio di casa nostra è la storia di Saragat. Se non ci fosse stata quella situazione di scontro ideologico, alcune istanze di Saragat avrebbero avuto un corso ben diverso. Non l'ebbero perché anche lui fu schiacciato dalla logica dei blocchi.

Lei parla di Saragat, ma dovrebbe parlare piuttosto del Pci. Il suo partito non fece nulla per distinguersi e per occupare, come lei dice, una posizione mediana. Nel '56, dopo l'insurrezione di Budapest, questa occasione ci fu e molti, anche nel Pci, l'avvertirono. Antonio Giolitti la capì e uscì dal partito. Ha letto l'intervista di Giolitti a «Repubblica» di pochi giorni fa?

L'ho letta. Giolitti ha più di una ragione.

Le domando, onorevole Occhetto: perché il partito non colse quell'occasione? Chiedo a lei un giudizio storico e politico, non autobiografico perché lei a quei tempi era un semplice militante. Mi risponda con sincerità.

Molti, nel gruppo dirigente di allora, non capirono. Ma i più capirono...

Però non si mossero. Non parlo di Togliatti, sebbene è sua la responsabilità maggiore. Ma Amendola non si mosse, Alicata non si mosse, Ingrao, il sempre eretico Ingrao, non si mosse. Non era quello il momento di essere eretici? Invece restarono immobili, con le loro assolute certezze, e lanciarono l'anatema contro quelli che vedevano la verità. Com'è potuta accadere una cosa simile? Lei sa spiegarmelo?

Ci furono, credo, due ragioni. La prima fu di evitare un trauma nel popolo comunista. Il partito era consapevole di essere un partito comunista profondamente diverso da tutti gli altri, radicato veramente nel paese e nella gente. Non eravamo certo nati sulla punta delle baionette dell'Armata rossa, noi comunisti italiani. Eravamo nati nella lotta contro il fascismo, nella lotta partigiana e nella costruzione, assieme alle altre forze politiche antifasciste, della democrazia repubblicana e della sua legalità costituzionale. Un trauma avrebbe potuto disperdere quel patrimonio di memorie e di identità politica. E la seconda ragione fu che – dall'altra parte – la guerra fredda aveva creato un settarismo analogo e speculare al nostro. Così, intorno al Pci, si erano raggruppate tutte le motivazioni di chi, pur non essendo comunista, non accettava i privilegi e l'arroganza del potere. Il gruppo dirigente di allora non se la sentì di varcare una soglia che avrebbe probabilmente disperso quelle energie a solo vantaggio degli avversari. Inoltre pensò probabilmente il timore che la guerra fredda potesse divenire calda.

Fu un errore, onorevole Occhetto?

Probabilmente sì, fu un errore. Ma chi può fare la storia con i se? E dall'altra parte si rispose forse in modi adatti ad evitare

192

l'errore? Non direi. Voglio dire che il Pci si è trovato due volte nel corso della sua esistenza di fronte a circostanze più forti di lui. La prima volta fu il fascismo. Ricorda l'incontro tra Gramsci e Gobetti? Avrebbe potuto essere un incontro fertile e per certi aspetti comunque lo fu, perché il Pci non sarebbe quello che è senza quell'incontro. Ma il fascismo bruciò le virtualità dell'incontro tra marxismo e cultura liberale. E la seconda volta è stata la guerra fredda.

Il crollo del muro di Berlino lei l'ha dunque vissuto con questa ottica: vengono meno gli impedimenti che hanno bloccato in Italia la democrazia compiuta.

Sì, l'ho vissuto così. Ma voglio aggiungere che – almeno da Berlinguer in poi, e forse a partire dalla segreteria Luigi Longo – quegli impedimenti da parte nostra erano stati, uno dopo l'altro, rimossi. Forse con troppa lentezza. Forse sempre ossessionati dalla paura del trauma che si sarebbe provocato nelle nostre file. Ma uno dopo l'altro gli impedimenti erano stati smantellati. Con nessuna apertura però da parte degli altri. Ma noi, la nostra parte l'avevamo fatta.

Nessuna apertura?

Qualcuna forse. Moro capì. Mi lasci dire che pagò con la vita quella comprensione. Ugo La Malfa capì.

Anche Andreotti, che vi ebbe nella sua maggioranza parlamentare.

Andreotti fece soprattutto un calcolo di potere, come del resto gli è consueto. Andreotti è al di sopra e al di sotto di questi problemi. Incarna l'immagine del potere, pronto ad usare quello che trova. Non ha bisogno di capire, vuole soltanto utilizzare. Berlinguer se ne accorse nel '79 e ruppe.

Bene, onorevole Occhetto, il suo punto di vista sul passato è chiaro. Ma veniamo all'oggi e al futuro. E intanto mi dica: quale sarà l'iter di questa vostra Costituente?

A marzo il Congresso straordinario; poi ci saranno le elezioni amministrative. Poi, subito dopo l'estate, una conferenza programmatica aperta che discuterà il programma e la fisionomia concreta della nuova forma-partito e dopo un altro Congresso per dare esito alla fase costituente.

Quello che voi chiamate il nuovo soggetto politico nascerà dunque da quel Congresso?

Sì, quella è prevista come la tappa conclusiva di questo processo.

Non le sembra un iter assai lungo? Per un anno resterete ancora in mezzo al guado, esposti a tutti i rischi e a tutti i colpi. Non potevate accelerare le tappe?

Lei scherza. Un iter lungo? Craxi impiegò due anni per cambiare il simbolo del partito dalla falce e martello al garofano. E lei pensa che un anno sia troppo per far nascere un nuovo soggetto politico? L'essenziale è che l'obiettivo sia mantenuto ben fermo durante questo processo. E per quanto mi riguarda, lo sarà. Per il resto, un anno significa procedere con una velocità impressionante, ma il partito può farlo proprio perché i conti con se stesso li ha già compiuti in larga misura in tutti questi anni di preparazione. Non deve più tagliare nulla, i vincoli, i legami, i pregiudizi, il settarismo, sono stati cancellati da molto tempo. Ora si tratta non di cancellare il vecchio ma di costruire il nuovo e non da soli ma con tutti quelli che vorranno partecipare a questo compito esaltante. Un anno è un tempo brevissimo, mi creda.

Onorevole Occhetto, non ho capito bene che cosa lei intende per fase costituente. Mi pare che non l'abbiano capito neppure i suoi oppositori interni. Ingrao continua a chiederle: con chi la faremo questa Costituente? Coi socialisti? Coi verdi? Con Pannella? Insomma con chi? Ma lei, che cosa risponde lei?

La faremo in primo luogo con noi stessi. Siamo noi che decidiamo di mettere in gioco noi stessi e quindi siamo noi che dobbiamo decidere i modi del nostro cambiamento. La fase costituente riguarda dunque in primo luogo i comunisti italiani. Naturalmente a partire da qui noi ci rivolgiamo a un gran numero di interlocutori, molti dei quali hanno già dato segno di raccogliere il nostro appello.

Vuole spiegarsi concretamente?

Vede, sono stato criticato da qualcuno perché avrei parlato molto, troppo, dei movimenti, delle donne, dei giovani, della droga, anziché di politica. Con ironia mi si rimprovera di occuparmi troppo dell'Amazzonia, cioè dei problemi del Sud del mondo. Chi ragiona in questo modo dimostra un forte grado di ottusità. E perciò alla sua domanda rispondo così: a lungo il referente fondamentale del Pci è stato la classe operaia, non soltanto con i suoi concreti e legittimi interessi, ma con i valori politici e culturali dei quali era portatrice. La nostra forma-partito è stata modellata su quei valori. Il lavoro e i lavoratori saranno sempre decisivi per noi. Oggi però è necessario costruire un rapporto creativo con altri soggetti. La questione femminile, nonostante ogni buona intenzione da parte dei compagni, è stata «ospite» di questa forma-partito; e così le questioni ambientali e tante altre. Questioni «ospitate», che hanno dovuto crearsi un loro spazio sgomitando, ma sempre all'interno di una gerarchia di valori che si richiamavano ancora ai concetti di classe e agli interessi che ne discendevano. La fase costituente deve rimettere in gioco quei valori, liberarli dal vecchio industrialismo, contaminarli con altri valori, modellare un soggetto politico che sia lo strumento dei bisogni della gente del Duemila e non lo stanco erede di memorie ottocentesche.

Pietro Ingrao dovrebbe essere favorevole a questo suo modo di vedere. Si parla spesso di Ingrao come di uno spirito eretico. Nel '56, ai tempi dell'Ungheria, in verità eretico non fu. L'eretico fu Giolitti e non Ingrao. Comunque, ha sempre fatto riferimento alle masse e ai nuovi valori delle masse. Come mai Ingrao è contro di lei in questo momento?

Mi è difficile rispondere a questa domanda. Ancor più difficile è capire la contrarietà, che auspico provvisoria, di Asor Rosa. Non è lui che aveva scritto, parlando del Pci, che siamo stati per troppo tempo una giraffa e che era venuto il momento di diventare un cavallo? Chi ha pensato, comunque, che io volessi a tutti i costi far rientrare questi dissensi si sbagliava. Il mio problema è soltanto quello di far capire con chiarezza a tutti qual è il senso della mia proposta. Dove il problema del cambiamento del nome – lo dissi fin dall'inizio – è la conseguenza di un processo reale. Mi considererei un ladro politico se tutta l'operazione si riducesse a cambiar nome per far contento qualcuno che me lo chiede, si chiami l'Internazionale socialista o Craxi o chiunque altro. Ho già detto che la nostra proposta è assai più ambiziosa e alta: noi sentiamo che è arrivato il momento di riorganizzare la sinistra italiana ed europea. Non possiamo farlo da soli. Dobbiamo renderci adatti a farlo con altri. Cominciamo noi, con un atto unilaterale di grande generosità politica, mettendo in gioco noi stessi. Ci attendiamo che altri facciano altrettanto. Il mondo è cambiato, dicevo. È cambiato per noi ma è cambiato per tutti.

Si parlava di Ingrao.

Ebbene, io mi auguro grande chiarezza. Se Ingrao non è d'accordo con me, è bene che il partito lo sappia e decida. Ma l'Ingrao che ha sempre puntato e predicato il nuovo non può aggrapparsi al vecchio senza smentire se stesso. Questo penso di Ingrao, con tutta la franchezza. E mi auguro che, passato il momento dello scontro che sarà comunque utile, permangano le ragioni comuni del rinnovamento e degli obiettivi che il futuro assegna a una forza democratica e progressista nel nostro paese.

Le si chiede, onorevole Occhetto, se tra i suoi obiettivi vi sia l'adesione all'Internazionale socialista.

Certamente, è uno dei nostri obiettivi. L'Internazionale socialista è anch'essa di fronte a un mutamento epocale. Non si tratta d'un club di distinti signori alla cui porta si vada a bussare col cappello in mano. Nel corso del tempo, sotto la pressione delle circostanze, è stata rifondata due o tre volte; e non tutti i suoi membri hanno identiche ispirazioni e identici comportamenti. Noi ci sentiamo molto affini alla linea di Brandt, dei socialisti francesi, di Kinnock e a quella che fu la linea di Olof Palme. Fino a qualche tempo fa era molto eurocentrica, l'Internazionale. Adesso sta cambiando. Ci interessa lavorare con l'Internazionale e entrarvi come membri a pieno diritto. Ma su ciò si pronuncerà il Congresso.

Le si chiede anche, onorevole Occhetto, se tra i suoi obiettivi ci sia il superamento della scissione di Livorno e il recupero dell'unità socialista.

Non voglio deluderla con dei giri di frase. Le ragioni della scissione di Livorno sono superate perché non esiste più né la Seconda né tantomeno la Terza Internazionale. Gli scenari del mondo sono profondamente mutati. Non c'è più – per noi già dal 1945 – il mito della rivoluzione bolscevica. L'unità socialista è un'altra questione. Io sono per una riorganizzazione e ricomposizione della sinistra italiana, che è cosa assai più complessa ed ampia, diversa dalla unità socialista. Per questa ricomposizione il contributo del Partito socialista è essenziale, come lo è quello del Partito comunista, senza primogeniture da parte di nessuno a cominciare da noi stessi. Ma senza limitare i confini al socialismo di origini ottocentesche. I problemi sono ben più complessi. Tornare a Livorno è soltanto uno slogan e quindi una sciocchezza.

Pensa che il Psi vorrà partecipare alla vostra fase costituente?

Penso proprio di no. Ma io non ho in mente un incontro con altri vertici di altri partiti. Per la verità non penso neanche che tutta la sinistra si debba ritrovare in uno stesso partito. Ho in mente la società italiana nelle sue componenti moderne, operose, oneste, stanche di questo interminabile regime da museo delle cere ancora dominato dagli Andreotti e dai Forlani e dominato soprattutto da partiti-Stato che dispensano come favori quelli che sarebbero i diritti elementari e costituzionalmente riconosciuti della gente. Finora la gente aveva però poche scelte: o – come diceva Montanelli – si turava il naso e votava per loro, oppure doveva votare comunista anche se comunista non era. Una scelta difficile, un sentiero assai stretto.

Eppure la democrazia italiana è stata costruita così.

È vero. De Gasperi e Togliatti l'hanno costruita così, evitando il ribellismo e la reazione, ma poi questo sistema ci ha portati alla democrazia bloccata. Adesso si tratta di sbloccarla. Questo è l'impegno che ho proposto al mio partito e dal mio partito attendo la risposta. E l'attendiamo dalla gente e da tutti quelli che si rendono conto di che cosa è accaduto di grandioso nel mondo del 1989, duecent'anni dopo la Rivoluzione francese e la Dichiarazione dei diritti dell'uomo.

Lei si presenterà al Congresso in alleanza con la destra del suo partito. Questo le crea qualche problema?

Io mi presenterò al Congresso su una piattaforma che non esito a definire rivoluzionaria, così come, fatte le debite differenze, è rivoluzionaria la posizione di Gorbaciov. È a destra o a sinistra Gorbaciov? È una forza che va avanti, che cerca il nuovo e produce il nuovo. Così, nella nostra sfera di azione, siamo noi oggi.

Andrete alle elezioni amministrative col vecchio simbolo?

Andremo col simbolo del Pci, perché quello è ancora il nostro modo di presentarci. Ma dovunque sarà possibile unirsi con forze politiche e sociali che abbiano analoghi obiettivi, costruiremo simboli nuovi e unitari.

Lei si pone il problema del governo?

Certo che me lo pongo. Ho già detto che siamo da quarant'anni in una democrazia bloccata. Abbiamo avuto e abbiamo governi di bassissimo profilo, che lasciano i problemi al punto in cui li hanno trovati. Ciò produce un distacco pericolosissimo tra le istituzioni e la gente. Produce la crescita dei poteri criminali. E la reazione del fondamentalismo.

Che cosa intende per fondamentalismo?

Intendo un movimentismo deteriore, il fanatismo, la fuga dalle responsabilità concrete, una certa religiosità come evasione e non come impegno morale. Questo è frutto del degrado civile e, a sua volta, lo esalta in una specie di circuito perverso. È invece urgente governare i processi sociali e quelli economici e per far questo bisogna sbloccare il sistema.

Mi par di capire che lei è favorevole a un esecutivo forte...

Sono convinto che ci voglia un governo democratico di legislatura in un sistema istituzionale che preveda la possibilità concreta di mandare l'opposizione al governo se il governo sbaglia e perde il consenso.

Ci sono fondamentalisti anche nel suo partito?

Ci sono dovunque e quindi anche nel Pci.

Un'ultima domanda: c'è ora sul tappeto la questione tedesca. Vuol dirmi qual è la sua posizione?

È una delle questioni centrali del futuro prossimo. Deve essere governata, in un quadro europeo, dai tedeschi anzitutto, con la massima cautela. Se scappasse di mano potrebbe creare contraccolpi impensabili su tutto il processo di rinnovamento in corso a Mosca.

Onorevole Occhetto, lei si sente tranquillo?

Ho fatto quel che dovevo. Niente di meno e niente di più.

ORA È IL PARTITO CHE DEVE DECIDERE*

Cosa sarà il 1990 di Achille Occhetto?

Un anno cruciale, certamente il più importante della mia vita politica: anche se la proposta della svolta è del 1989, la verifica dei fatti arriverà nel '90. Si tratta di portare a compimento un'azione estremamente complessa, ma certamente affascinante e decisiva.

Un'avventura o un'impresa?

Credo che si possa parlare di una grande impresa che ha già determinato qualcosa di profondo nella vita del partito, nel suo modo di discutere, e anche tra le forze politiche che hanno preso atto di questa novità e con essa si rapportano.

Cosa risponde al Psi che promette «interesse e rispetto» per il vostro dibattito ma sostiene che «fuori da una prospettiva di unità socialista» la svolta comunista provocherebbe «solo effetti negativi»?

È limitativo, anzi sbagliato dire che la nuova forza politica che vogliamo fondare debba comunque gravitare intorno alla proposta dell'unità socialista. Noi intendiamo dar vita a una nuova forza politica della sinistra che non esaurisce la sinistra. Una forza nuova che chiede il rinnovamento conseguente da parte degli altri partiti. Il problema che abbiamo posto non nasce dall'esclusiva, e pure importante, questione del rapporto con il Psi. I mutamenti del mondo, le grandi trasformazioni, la fine della guerra fredda, il crollo di quel muro ideale che ha attraversato anche l'Italia, pongono il problema di ripensare la funzione di una forza

* Intervista rilasciata a Teresa Bartoli pubblicata da «Il Mattino» del 2 gennaio 1990.

democratica e progressista non ritornando indietro (né rispetto alla tradizione comunista né rispetto a quella socialista) ma andando avanti. Quindi noi siamo impegnati prima di tutto a fare i conti con noi stessi per dar vita a un nuovo partito con il quale il Psi laicamente dovrà fare i conti, sulla base dei programmi e delle prospettive politiche. Non sarà una forza antisocialista ma con il Psi dovremo fare un serio esame programmatico e politico. Tenendo fermo l'obiettivo della massima unità tra tutte le forze socialiste e di sinistra.

Torniamo al 1989: «un anno vissuto pericolosamente» va bene come titolo?

Sicuramente non quietamente. È stato un anno pieno di fatti, iniziato con l'intervista sulla Rivoluzione francese che già poneva alcuni capisaldi sulla centralità del processo di democratizzazione, leit motiv del «nuovo corso», l'anno del XVIII Congresso e di importantissime iniziative internazionali (dall'incontro con Gorbaciov all'apertura della prospettiva dell'eurosinistra), l'anno di una battaglia come mai si era condotta per la stessa sopravvivenza, di una forza di opposizione nel nostro paese: chi pensa che non abbiamo combattuto, dovrebbe ricordare la lotta per la vita e per la morte che ha avuto nelle elezioni europee il suo centro.

Si può finalmente raccontare come è nata la svolta?

Io ho seguito la strada di tener conto di quel che stava succedendo, dei processi, delle esperienze in corso. E quest'anno di rapporti internazionali mi ha dato la possibilità di cogliere gli elementi di mutamento profondo dell'assetto mondiale. Ho ritenuto opportuno portare il senso di quella riflessione alla Segreteria del partito. Il clamore con cui la stampa ha centrato tutto sulla questione – che non ci competeva – del cambiamento del nome, mi ha costretto ad affrettare l'esplicitazione complessiva del progetto in Direzione e in Comitato centrale.

Ma tutto nasce dal discorso ai partigiani della Bolognina. Quando lo ha deciso?

È stato molto casuale. Il sabato sono andato a vedere la mostra di Giulio Romano a Mantova. Mi accompagnava, tra gli altri, un eroico combattente partigiano che mi ha invitato alla celebrazione del giorno dopo dove ho fatto il discorso su Gorbaciov. Certo non a caso: avevo già in mente l'idea di aprire un processo nuovo, una fase costituente, di operare «fatti nuovi». E ho ritenuto che fosse simbolicamente bello comunicarlo – sia pure in modo molto generale e quindi legittimo – a una celebrazione di partigiani, non solo comunisti ma anche socialisti e cattolici, che avevano combattuto insieme nella Resistenza per dire loro che anche oggi è possibile costruire qualcosa di nuovo insieme.

Qualcuno la accusa di gorbaciovismo. Per lei Gorbaciov è un modello?

Penso che non sia più tempo di modelli ma di grandi interscambi culturali e politici. Tutti siamo modello per gli altri: basta la volontà di «contaminarsi» sul serio e di trovare punti di contatto nelle battaglie di rinnovamento. Da questo punto di vista credo di essere in buona compagnia perché di gorbaciovani, nel mondo, ce ne sono tanti.

Torniamo alla svolta. Per la prima volta il Pci si presenta al Congresso lacerato da una dura battaglia. Sente questa responsabilità?

La responsabilità la devono sentire tutti. Abbiamo di fatto già cambiato la forma-partito. Non condivido il sensazionalismo con cui qualcuno, fuori ma anche dentro il Pci, presenta la questione; prima ci si accusava di monolitismo; arrivati a una forma-partito in cui è fisiologica la discussione di idee e piattaforme diverse, questo si trasforma per forza in «resa dei conti», «battaglia dura», «muro contro muro». Forse, essendo la prima volta, è comprensibile. Ma io sento la responsabilità di essere parte in questo dibattito, perché ho avanzato una proposta, ma anche di fare di tutto perché la discussione sia tale da rappresentare un arricchimento per il partito. Cosa che non avverrebbe se, per combattersi l'uno contro l'altro, ci si affidasse a recriminazioni e accuse reciproche.

Personalmente ha qualcosa da rimproverarsi?

Forse di aver reso più difficile, anzi di una durezza incredibile, la mia vita. Ma non dal punto di vista politico.

E ai suoi avversari interni cosa rimprovera?

Naturalmente ritengo che posizioni diverse debbano essere legittimamente espresse e rappresentate. Non mi convince però chi, invece di discutere tra posizioni diverse, presenta la mia come ipotesi liquidazionista. Parlare di liquidazione del partito e di rinnegati, questo sì è un linguaggio che evoca momenti tragici e foschi della storia del movimento operaio. È un modo vecchio di condurre la battaglia politica che può produrre guasti profondi. Spero che queste espressioni vengano abbandonate, che il partito sappia poter discutere seriamente una proposta, poter dire sì o no a quella piattaforma.

Le due mozioni che si oppongono alla svolta, nei fatti, mettono in discussione il ruolo del gruppo dirigente che l'ha proposta. Si sente in gioco?

Il mio ruolo può essere messo in discussione: mi sembra legittimo che, se vincesse una piattaforma completamente diversa dalla mia, si possa ritenere di far rappresentare la nuova linea da qualcun altro. Ma non trovo legittimo che, invece di considerare la discussione importante e impegnativa di per sé, qualcuno pensi di intrecciare tutto questo con cose che con il quesito posto al Congresso non hanno nulla a che vedere. Il partito deve decidere la sua scelta politica, uomini e organigrammi vengono dopo. La discussione deve essere libera dalla volontà di colpire questo o quello.

Le ha fatto più male il no di Ingrao o quello di Natta?

Mi hanno fatto male gli equivoci da cui sono sorti i no, non i no in quanto tali. Si può anche pensare che la mia proposta non sia valida anche al fine degli obiettivi che mi pongo. Ma ho considerato offensive tutte le argomentazioni con cui si è sostenuto che si tratta di obiettivi volti all'omologazione, a una subalternità o addirittura a una liquidazione del partito. Vorrei ricordare che sul terreno della battaglia per l'affermazione della nostra autonomia e della dignità di questo partito ho dedicato un '89 veramente frenetico e considererei molto ingeneroso che questo non fosse riconosciuto. L'atto successivo non contraddice i passi precedenti, è la risposta coerente agli sviluppi della situazione.

Persi alla causa i «padri storici», come pensa di conquistare il partito?

I padri storici sono tanti e non sono tutti persi. E non credo che la questione sia: padri storici e non. La questione è, in coerenza con la nostra storia, la capacità di rinnovamento: oggi è necessaria una accelerazione. Siamo nella classica situazione in cui, ancora prima di saper dare delle risposte nuove, bisogna sapersi porre delle domande nuove. Il partito è conquistabile a partire dal suo rapporto con la società, collocandosi nel punto di contatto tra modo di sentire del partito e speranze, attese, esigenze di rinnovamento della società. La storia dei partiti comunisti, non del Partito comunista italiano, dimostra che si può anche vincere una battaglia nel partito ma perderla col partito nel paese per non essere in sintonia con la società. Decisivo è che il partito senta che quel che vogliamo non è un atto di morte o di dissoluzione ma un atto fecondo che lo spinge a vivere, in una aggregazione più grande, un rapporto più vitale con la società. E che il destino di questo atto fecondo sta nella capacità di tutti nel buttarsi con slancio alla conquista di nuove frontiere. Tra la gente sento un atteggiamento di gioiosa apertura il cui senso è «dateci finalmente la possibilità di una scelta di alternativa, di fare qualcosa di nuovo». Dobbiamo saper ascoltare questa voce: la domanda puramente statica del «con chi» non ha senso se non è messa in rapporto a questo bisogno reale della società italiana.

Il nuovo partito nascerà nel '90?

Siamo stati già abbastanza veloci nel determinare una scelta politica. Ora procederemo tappa dopo tappa. Nel '90 si deve aprire la costituente. Poi il processo dipenderà da tutto il partito, non solo da me.

Come si chiamerà il nuovo partito?

Ora la discussione riguarda la nascita di una nuova forza politica. Una nuova forza politica che naturalmente avrà un nuovo nome, ma è una questione da affrontare al termine di questo processo.

Perché la svolta piace più fuori che dentro il Pci?

I consensi nel Pci dobbiamo ancora verificarli. Il consenso esterno dimostra che nella società italiana c'è bisogno di qualcosa che acceleri una effettiva alternativa nel paese. E penso che ciò debba riflettersi nel nostro dibattito perché un partito politico opera per concorrere al governo del paese: questa è la funzione costituzionale dei partiti politici. Chi dimentica questo riduce i partiti a religiosità, sia pure laica o filosofica, e snatura il sistema costituzionale. Noi ci stiamo correttamente ponendo il problema di qualcosa che sblocchi la situazione politica italiana.

Gli intellettuali comunisti si dividono: la vecchia guardia è contro la svolta, la nuova intellettualità la incoraggia. Perché?

Credo che nella formazione intellettuale di compagni che hanno avuto grandissimo merito nel definire l'originalità del comunismo italiano prevalga il giusto orgoglio per l'opera compiuta ma nello stesso tempo – e lo dico con rispetto – il sospetto in alcuni, la presunzione in altri, che quell'opera sia di per sé sufficiente a garantire la nostra identità, la nostra funzione attuale. Invece credo che componenti intellettuali che non hanno partecipato a questo monumentale processo di rinnovamento del comunismo italiano, sentano più i nostri limiti e ritardi che non i grandi meriti che abbiamo avuto. Se la discussione fosse sgombrata da inutili equivoci, una sintesi in avanti, non sul terreno della pura conservazione, sarebbe possibile.

Lei chiede al Congresso di poter avviare la pratica di ingresso nell'Internazionale socialista. Prevede ostacoli esterni a questa decisione?

Credo che il problema sia di collocazione autonoma: il Pci deve decidere quale funzione internazionale deve svolgere. E qui vedo la debolezza delle mozioni che non vedono come, dal crollo dei regimi dell'Est, nascono la fine della contrapposizione tra due vecchie internazionali (la comunista e la socialista), un nuovo dibattito all'interno dell'Internazionale socialista e la possibilità di un nostro ruolo dinamico per il superamento delle ragioni della vecchia scissione. Noi non chiediamo col cappello in mano di entrare in un'organizzazione in cui tutti hanno sempre avuto ragione: vogliamo svolgere con giusto orgoglio un ruolo, possiamo imparare ma anche arricchire un'eurosinistra destinata ad avere un ruolo meno eurocentrico per ricostituire le ragioni della sinistra nei paesi dell'Est, calpestate da regimi totalitari, e nel terzo mondo.

Si aspetta ostacoli da Craxi?

Non mi aspetto niente da nessuno. Mi aspetto molto dal fatto che l'iniziativa coraggiosamente assunta possa cambiare i termini della polemica politica italiana e mettere in gioco anche gli altri. Troverei assurda, da chiunque venisse, la pretesa di negare come valide per altri le ragioni della nostra riflessione. La fine di Yalta è anche la fine di un vecchio sistema politico, di un modo di essere di tutti i partiti e non solo del nostro. Mi aspetto che tutti capiscano che non si tratta di aspettare al varco qualcuno ma di mettersi tutti in gioco.

Lei, come tanti altri, ha speso nel Pci buona parte della sua vita. Come vive, umanamente, la svolta?

Con un continuo contrasto tra intelligenza e passione. E la passione per il passato di questo partito che amo in me è fortissima. Tutti i motivi che mi hanno fatto essere comunista italiano, e sottolineo italiano, vivono e vivranno nella nuova formazione politica. Non sarà il dissolvimento delle mie idee. La mia sofferenza nasce proprio dal fatto che c'è chi non vuole comprendere questo elemento.

Ha mai pensato «chi me lo ha fatto fare»?

Politicamente me lo ha fatto fare la certezza che l'alternativa era ritrovarsi, presto o tardi, a una divaricazione fra la tendenza all'omologazione alle altre forze politiche e il rinchiudersi in se stessi. Oggi il partito può affrontare, malgrado le divisioni, con più fermezza fatti, come la tragedia rumena, che dopo quella scelta sono stati sempre più drammatici. Una scelta che permette alla società una comprensione più forte della nostra diversità: quel che per me è chiaro perché ho studiato la nostra storia e in parte ne sono stato partecipe e autore, è una cosa che i giovani non hanno vissuto e capiscono oggi solo se vedono che ci mettiamo in causa come altre volte. In questo c'è la difesa più forte e più vera del nostro patrimonio di comunisti italiani. Ora credo che tutti possano partecipare con serenità a un dibattito importante per il partito e per il Paese.

DICHIARAZIONE DI INTENTI
DI ACHILLE OCCHETTO

[handwritten annotations: - Left-wing analysis / another mode of develo... - The reasons for changing - The need for another perex - The organizational question - ● Juxtaposition with Fassino's autonomy of the political..]

L'obiettivo della presente dichiarazione di intenti è quello di esporre alcune fondamentali motivazioni ideali e politiche che ci spingono a promuovere la nascita di un nuovo partito della sinistra. Di rendere esplicita la sua necessità e funzione storica.

Di individuare gli elementi di rottura concettuale e analitica e quelli di continuità con la nostra tradizione comunista; di fornire le indicazioni e i punti di riferimento essenziali che sono alla base della nostra proposta di dar vita a una nuova formazione politica.

Non si intende, quindi, fornire un documento sistematico e in sé compiuto, né una rigorosa definizione di princìpi e di valori vincolanti.

Spetterà infatti a un successivo lavoro collettivo definire un preambolo fondativo del nuovo partito.

[handwritten margin note: What does The first official document do.]

La presente elaborazione costituisce la base per una proposta che dovrà essere ulteriormente arricchita durante la preparazione e lo svolgimento del nostro XX Congresso.

Si tratta di una dichiarazione di intenti, che ha insieme la modestia e l'ambizione di fornire l'impulso, di tracciare l'indirizzo generale e di indicare, per grandi linee, la collocazione ideale e politica di una nuova forza della sinistra. Al prossimo Congresso del PCI e, successivamente, alla nuova formazione politica spetterà il compito di elaborare e verificare, attraverso un'ampia partecipazione di competenze, di energie e sensibilità culturali e politiche, i programmi fondamentali e di medio termine del nuovo partito così come di indicare la linea e la piattaforma politica immediata.

I

Il mondo attraversa una fase di transizione nei rapporti politici, sociali, economici di tale portata da mettere in crisi tutti i fondamentali criteri di interpretazione e di analisi della realtà.

Il genere umano non si è mai trovato, come accade oggi, nella condizione di avere contemporaneamente, nelle sue mani, gli strumenti della propria totale distruzione e della propria universale salvezza.

L'uomo non ha ancora compiuto definitivamente la scelta cruciale per la pace e contro la guerra.

Decisivi, e impensabili solo sino a qualche anno fa, sono i passi in direzione del disarmo. Sempre più forte tra i popoli, ma anche nei governi, è il rifiuto di nuovi armamenti. E tuttavia permane il pericolo che l'umanità sia trascinata in guerre combattute con mezzi di distruzione di massa sempre più micidiali: atomici, chimici, biologici.

Ma non è solo il rischio della guerra a mettere in questione la stessa sopravvivenza della società umana.

Anche l'uso pacifico dei mezzi tecnologici pone oggi l'umanità di fronte a una scelta, a una assunzione di responsabilità comune, inedita e radicale, che riguarda la vita o la possibile estinzione della specie.

Se si assume tale fondamentale novità, si deve necessariamente ripensare profondamente la nozione stessa di progresso, e alla sua luce interrogarsi sulle possibilità aperte all'azione consapevole dell'uomo.

In questa prospettiva, la sinistra deve assumere, non solo come principio morale, ma come vincolo e obiettivo politico, l'affermazione del valore della vita, la difesa del diritto alla vita.

In un mondo interdipendente, nel quale il riconoscimento di un comune destino e di diritti universali di tutti gli uomini e di tutte le donne esce dall'ambito della filantropia per investire la concretezza delle scelte operative, diviene essenziale la piena coscienza del valore della vita, la responsabilità di ciascuno e di tutti di fronte al diritto alla vita di ogni altro vivente, di oggi e delle generazioni future.

Le fondamentali contraddizioni della nostra epoca – quella tra la necessità di uno sviluppo allargato all'intera umanità e l'esigenza della difesa della natura e dell'equilibrio ecologico del pianeta; tra tecnologia e occupazione; tra l'internazionalizzazione dei processi produttivi e l'accentramento delle sedi di decisione e di controllo; quella tra le nuove forme di espressione politica, sociale e culturale della sovranazionalità e l'emergere di particolarismi e di conflittualità su base nazionale, etnica e religiosa – l'insieme di queste contraddizioni possono essere condotte a soluzione solo da una politica in grado di realizzare una trasformazione qualitativa del modello di sviluppo, di fondare un nuovo ordine economico e sociale mondiale.

Una tale politica costituisce oggi l'obiettivo essenziale di una nuova sinistra mondiale e definisce lo spartiacque tra conservatori e progressisti.

La più grande ingiustizia che sconvolge la comunità umana è il divario pauroso tra la ricchezza di pochi e l'abissale povertà della maggioranza degli uomini. Tale ingiustizia, che rende attuale il rischio di guerre devastanti e nuove catastrofi che possono coinvolgere l'intera umanità, chiama in causa, in primo luogo, l'organizzazione economica e sociale, i modelli produttivi, di vita e di consumo dei paesi più ricchi e industrializzati.

È dunque sempre più storicamente fondata e matura la critica al modo di produrre e di consumare delle società industrializzate e la necessità di quella politica solidale a livello internazionale che comporta mutamenti radicali negli stili di vita dell'Occidente.

È necessario prendere atto e trarre tutte le conseguenze dal fatto che non è possibile, all'interno dei modelli di produzione e di consumo dominanti, rispondere alle esigenze di benessere dell'insieme dell'umanità senza compromettere definitivamente gli equilibri ecologici del pianeta.

L'umanità possiede gli strumenti per dominare le contraddizioni della nostra epoca. Essi però si rendono effettivamente disponibili solo se si mettono in causa ragioni di scambio, gerarchie sociali, poteri economici e finanziari.

Le rivoluzioni industriali e tecnologiche degli ultimi due secoli hanno consentito una straordinaria crescita del benessere materiale; ma il modo distorto in cui si è data risposta a molti bisogni delle società industrializzate, hanno non solo fatto emergere nuovi problemi e nuove miserie all'interno di quelle stesse società, ma hanno anche messo in pericolo la vita degli uomini e della natura dell'intero pianeta.

Al mantenimento di vecchie ingiustizie si affiancano nuovi pericoli per la libertà, la vita e la civiltà.

Quella crescita, inoltre, è stata limitata a una sola parte del mondo.

L'attuale modello di sviluppo, se condiziona ormai l'intera comunità mondiale, rendendola sempre più interdipendente, non è in grado di assicurare un generale progresso, né quantitativo né qualitativo.

Inoltre, l'attuale organizzazione del lavoro, nelle società mature, risulta sempre più in conflitto, nella coscienza collettiva, con il tempo di vita.

La soggettività femminile è stata decisiva nel far maturare questa consapevolezza. Tutto ciò accade mentre per la prima volta nella storia, lo sviluppo tecnologico rende concreta la possibilità di «lavorare meno per poter lavorare tutti».

Superare la divisione sessuale del lavoro è dunque un obiettivo storicamente maturo. Esso riguarda le donne e gli uomini e propone un modello sociale fondato sulla piena valorizzazione di tutti i tempi di vita.

Diventa così sempre più evidente che costruire una società umana significa superare una società maschile: la società umana è quella a misura dei due sessi.

Lo sviluppo impetuoso e senza precedenti delle tecnologie della comunicazione e della informazione possono determinare le condizioni di una effettiva interazione democratica, di una comunicazione capace di accorciare progressivamente la distanza tra governanti e governati, di rafforzare la coscienza critica di ogni donna e di ogni uomo.

Tuttavia dobbiamo prendere atto che queste stesse tecnologie producono oggi inediti fenomeni di manipolazione e di conformismo di massa.

Come si vede, in tutti i campi la modernità, se non è accompagnata e guidata da una più alta visione della civiltà, delle relazioni tra gli uomini, tra uomini e donne e del loro rapporto con la natura, non conduce a uno sviluppo progressivo ma a una vera e propria crisi di civiltà.

Compito di una nuova sinistra è quello di indicare la possibilità della salvezza del genere umano, non limitandosi a promuovere alcuni fondamentali valori e princìpi, ma indicando la via che conduce alla costruzione di un nuovo ordine economico e sociale.

Se un potere è storicamente adeguato quando è capace di corrispondere alle esigenze essenziali e ai valori universali per come essi appaiono alla coscienza degli uomini, ebbene oggi solo un potere in grado di garantire la pace, un uso razionale delle risorse e dunque uno sviluppo generale e sostenibile, di promuovere una diversa e migliore qualità della vita, di utilizzare le straordinarie potenzialità tecnologiche per assicurare a tutti gli uomini della terra il soddisfacimento dei loro bisogni e il riconoscimento dei diritti avvertiti dalla coscienza moderna come universali, solo un tale potere può risultare storicamente adeguato.

II

È ormai da tutti riconosciuto che nell'89 è cambiata la storia del mondo.

Il processo storico da cui ha tratto origine il movimento comunista mondiale, la rottura rivoluzionaria dell'Ottobre, le società che da quella rottura sono sorte, sono entrati in una fase di crisi organica.

Il fallimento di quel modello di organizzazione sociale è irreversibile.

La rottura del '17 ha aperto la strada a un grandioso processo di emancipazione umana, di presa di coscienza, autonoma e indipendente, da parte delle classi lavoratrici e delle masse popolari. Ha aperto la strada al movimento di liberazione di tanti popoli dai regimi coloniali, ha costituito un punto di riferimento per la speranza di masse immense di oppressi e di emarginati in ogni angolo della terra.

Il mondo intiero ha risentito, ed è stato trasformato, da questa esperienza storica.

Essa ha messo in campo l'ipotesi di un diverso potere, cioè di un diverso assetto sociale e di governo della società.

Tale ipotesi, però, che ha portato alla soppressione del mercato e alla dittatura del partito in nome del proletariato, ha fatto fallimento proprio rispetto ai compiti di trasformazione e governo della società.

Il movimento comunista internazionale – che non può essere semplicisticamente identificato con gli ideali comunistici della liberazione umana – non è dunque riuscito a fornire una risposta ai problemi per i quali era sorto.

La crisi e il fallimento dell'esperienza del cosiddetto «socialismo reale» hanno dimostrato che esiste un rapporto inscindibile tra l'affermazione di garanzie democratiche e di libertà e la possibilità di determinare un mutamento nei rapporti sociali di produzione nella direzione di una socializzazione della economia e del potere.

Il nostro partito aveva già da tempo condotto una analisi di tal genere. Anche se troppo a lungo abbiamo coltivato l'illusione di una riformabilità di quei regimi.

Oggi si tratta di derivare tutte le conclusioni, ideali e pratiche, da quell'analisi e dall'esito di quella esperienza.

La mancanza di democrazia ha impedito di sperimentare il socialismo.

Le diverse forme di collettivismo burocratico di Stato hanno finito così per negare gli ideali del socialismo e per arrecare un danno inestimabile a tutte le forze che vogliono, come noi, mantenere aperta la via al rinnovamento della società.

La dissipazione del patrimonio ideale, che si era alimentato della grande vittoria politica e morale della Resistenza europea, ne ha fatto smarrire il suo più generale significato di lotta per la libertà.

La prospettiva di liberazione umana interna agli ideali del comunismo è stata via via sempre più pesantemente contraddetta e offuscata. Nei paesi dell'Est le parole comunismo e socialismo hanno finito col perdere la loro capacità di attrazione, in quanto si sono identificate, nella coscienza collettiva, con l'esperienza di regimi autoritari.

Gli stessi paesi del Terzo e Quarto mondo non riescono, ancora, a trovare nuovi punti di riferimento.

Tutto ciò ha pesantemente indebolito l'insieme della sinistra su scala mondiale.

Quel che è chiaro è che il fallimento storico di quei regimi e non il loro crollo, inevitabile e liberatorio, ad aver indebolito la sinistra.

La crisi storica dell'esperienza legata al movimento comunista internazionale ha prodotto e sta producendo modificazioni radicali degli equilibri internazionali.

La positiva liberazione dall'autoritarismo nei paesi dell'Est non riapre, di per sé, la strada verso un socialismo democratico e umano.

Proprio in quanto la sconfitta che sta alle nostre spalle ha indebolito la sinistra mondiale, possono emergere, a Est e a Ovest, e già si fanno sentire, forze che hanno di mira obiettivi di restaurazione sociale e politica.

La sinistra è chiamata a contrastare tali tendenze, tanto illusorie quanto pericolose, e a reagire attivamente, sul piano ideale e politico, alla rassegnazione e alla rinuncia a combattere «l'irrazionalità» capitalistica.

Un nuovo inizio, per la sinistra, significa innanzitutto questo. Significa trarre, dall'esperienza storica del socialismo reale, la convinzione che un diverso potere, un diverso governo dello sviluppo, non può che fondarsi sulla democrazia, che non può essere concepita come mero strumento storico del processo di emancipazione e liberazione umana ma come sua espressione permanente.

Un diverso governo dello sviluppo, non può inoltre essere realizzato sulla base dell'eliminazione del mercato attraverso la pianificazione centralizzata.

Se il primato del profitto non è in grado di assicurare condizioni di sviluppo accettabile alle nostre società, compito storico della sinistra è quello di indirizzare le forze economiche e il mercato verso finalità sociali e umane.

È su questa base che può e deve porsi oggi la questione del potere. Non già e non più come «presa del potere» statale, ma come diversa organizzazione, universalmente democratica, del potere stesso.

Una nuova sinistra deve porsi rispetto a tutta la precedente esperienza storica del movimento operaio, comunista e socialista, in una posizione nuova di fronte al potere.

L'ipotesi della dittatura del proletariato che si è incarnata nei regimi autoritari del «socialismo reale» non solo è fallita, ma ha prodotto, come si è visto, immani tragedie.

La stessa ipotesi socialdemocratica della mera gestione del potere governativo in funzione di una più equa redistribuzione si trova oggi di fronte a nodi strutturali di dimensione sovranazio-

212

nale e di tale portata da rendere impraticabili strategie di «riformismo nazionale». Come si dice, con grande lucidità critica, nel testo del nuovo programma fondamentale della SPD: «i rapporti politici di forza, la dinamica, sottovalutata, del capitalismo, ma anche l'incapacità dei socialdemocratici di mobilitare le masse, hanno impedito alla politica riformatrice socialdemocratica di modificare profondamente le strutture fondamentali non democratiche del sistema economico e sociale. È stato possibile limitare, ma non superare, il potere della grande economia, il predominio dei capitalisti e degli imprenditori».

Il problema del potere si pone, oggi, come processo di democratizzazione integrale della politica e della società civile.

È all'ordine del giorno pensare al socialismo come processo di democratizzazione integrale della società, pensare alla democrazia come via del socialismo.

III

È cambiata la struttura del mondo. Si è chiusa l'epoca della guerra fredda. Il bipolarismo non è più la forma di governo dei processi planetari, l'intera dinamica sociale e politica esce dal quadro, e dai vincoli, del confronto-scontro fra modelli e sistemi contrapposti.

Noi sappiamo d'altra parte che, come sosteneva Marx, lo sviluppo dell'economia capitalistica ha prodotto e ancora oggi produce un mercato e una società sempre più mondiali.

Tale processo, la crescente interdipendenza globale che ne deriva in tutto il vivere associato dell'umanità, stanno portando al declino dello stesso Stato-nazione.

D'altra parte quel processo, come abbiamo detto, produce e allarga squilibri e contraddizioni.

Per tutto ciò si impone e diviene centrale la questione di un governo mondiale e democratico dello sviluppo.

Il governo mondiale è una possibilità e una necessità storica concreta.

L'alternativa al governo mondiale, è l'aggravamento di tutte le principali contraddizioni, una crescente anarchia nei rapporti internazionali, che alla fine non troverebbe sbocco e soluzione se non in un ordine fondato sul dominio dei paesi più ricchi.

Si tratta di un obiettivo che comporta una lotta di lunga lena.

La fine del governo bipolare del mondo non reca automaticamente con sé un'èra di pace e di giustizia.

Già oggi vediamo che la fine del vecchio mondo fa emergere, accanto a straordinarie potenzialità, vecchie e nuove tentazioni volte a far leva sulla logica di potenza, mentre si moltiplicano localismi, fondamentalismi, corporativismi di varia natura.

Questo ci insegna la stessa grave, vicenda del Golfo Persico. L'inaccettabile aggressione dell'Iraq è ispirata dalla logica di potenza del vecchio mondo e si alimenta di una ideologia demagogica e fondamentalista.

D'altra parte la guerra del Golfo Persico evidenzia anche quello che è stato il lungo errore dell'Occidente, del colonialismo e della guerra fredda: perseguire la divisione del Terzo Mondo e del mondo arabo.

Le divisioni del Nord del mondo sono state decisive nel creare e alimentare quelle del Sud. Non è un caso che tutte le guerre che si sono combattute dopo la fine del secondo conflitto mondiale, siano scoppiate in questa area del mondo.

Una nuova sinistra su scala mondiale deve operare ovunque per la pace e per l'unità, per la democratizzazione di tutte le relazioni internazionali, e per convogliare le grandi energie e le potenze tecnologiche del mondo intero nella risoluzione dei problemi del Sud, della fame, della povertà, delle malattie, per impegnarsi attorno a progetti di ampia portata, attorno ad alcune grandi ipotesi di intervento solidale e di cooperazione per lo sviluppo tra Nord e Sud del mondo.

I contrasti tra Nord e Sud, tra ricchi e poveri, possono altrimenti produrre una nuova guerra fredda che taglierebbe orizzontalmente il nostro pianeta e che potrebbe infine aprire la strada persino al rischio di una nuova guerra mondiale.

La sinistra mondiale deve adoperarsi in ogni modo perché tale evento catastrofico sia scongiurato.

A tal fine la salvaguardia della legalità internazionale deve essere affidata a un governo mondiale e non all'azione unilaterale delle grandi e delle piccole potenze.

Proprio perciò è di grande importanza politica e storica il fatto che l'ONU sia al centro degli sforzi per dare una soluzione alla crisi del Golfo.

Un nuovo ordine internazionale richiede un ruolo dell'ONU

sempre più attivo e significativo, una riforma di questa organiz-zazione, la costruzione di una solida democrazia internazionale, capace di coinvolgere paesi grandi e piccoli, Nord e Sud del mondo.

In questa prospettiva decisiva è l'azione della sinistra, che, seguendo questa strada può incontrare altri movimenti, altre com-ponenti ideali e forze morali, a cominciare dalla Chiesa cattolica.

Avendo come obiettivo la costruzione di una democrazia e di un governo mondiali; unificando i lavoratori, i movimenti fem-minili, quelli che si battono per la salvezza ecologica, per la pace, per lo sviluppo del Sud e che individuano, così, le contraddizioni di fondo dell'attuale sviluppo; organizzandosi in forme nuove e unitarie in vista di questo obiettivo; assumendo la bandiera di un nuovo internazionalismo planetario la sinistra risponde oggi a un interesse generale dell'umanità e assolve al suo attuale compito storico.

IV

Il movimento della storia ci riconsegna un'Europa sconvolta nei suoi equilibri, incerta sul suo destino.

Il crollo del muro di Berlino, cui ha fatto seguito l'unificazio-ne tedesca, è stato innanzitutto un grande evento europeo.

L'Europa, per la sua civiltà, per la sua collocazione geografi-ca, per il ruolo che nella sua storia ha avuto il movimento ope-raio, può essere un centro motore di una politica volta a costruire un nuovo ordine internazionale, una diversa organizzazione del-la società mondiale.

Questo è il compito della sinistra europea in lotta contro i con-servatori, contro la destra.

Il grande obiettivo ideale della sinistra europea, e del nuovo partito della sinistra in Italia, dovrà essere quello di congiungere due valori che nel corso di questo secolo sono stati separati: liber-tà e uguaglianza.

A Est, nei regimi del socialismo reale, la mancanza di libertà ha impedito all'uguaglianza di affermarsi, in Occidente la man-canza di uguaglianza non ha consentito alla libertà di esprimersi pienamente e universalmente.

Le democrazie pluralistiche sono inadempienti rispetto ai tre princìpi fondamentali dell'89: uguaglianza, libertà e fraternità.

La sinistra europea può assumersi il compito di impegnarsi per una loro integrazione non organicistica ma graduale e conflittuale, che nasca da un confronto reale tra esperienze e culture, e dal concorso di una pluralità di progetti capaci di determinare una sintesi sempre più alta, che muova nella direzione della liberazione umana.

Questa è la responsabilità ideale fondamentale che la sinistra è chiamata ad assumere alle soglie del nuovo secolo.

Le forze eredi del movimento operaio in Europa, sono oggi chiamate a un forte e coerente impegno democratico, a condurre una lotta di lunga durata per la democratizzazione di ogni sfera della vita associata, per la fondazione di un nuovo patto di cittadinanza sovranazionale, per la costruzione della sovranità popolare europea.

L'attuale processo di unità europea deve aprirsi a una prospettiva più ampia.

Mai come oggi l'idea di un'Europa unita dall'Atlantico agli Urali è apparsa una prospettiva percorribile.

Il nuovo partito della sinistra in Italia si apre a un grande disegno ideale e storico: quello di dare vita a una Europa unita, democratica, dei diritti civili e sociali, quello di edificare una Confederazione europea, unitaria e insieme fondata su tradizionali e nuove autonomie.

La sinistra europea deve riorganizzarsi, idealmente, programmaticamente, politicamente in vista di questo obiettivo ideale e storico.

Si deve lavorare – e in questo senso lavorerà la nuova forza di sinistra – per aprire, su basi programmatiche nuove, un processo di ricomposizione unitaria delle forze socialiste e di sinistra in Italia e in Europa. Gli stessi processi in corso nell'Europa dell'Est impongono di marciare in questa direzione, di avviare processi di riaggregazione delle forze della sinistra in Europa, di riformulare il quadro programmatico e politico.

È alla luce di queste esigenze, e dei compiti nuovi cui intendiamo assolvere, che abbiamo espresso l'intenzione di proporre la nostra adesione all'Internazionale socialista.

Noi poniamo tale questione in considerazione della comunanza dei princìpi dell'azione politica: il valore della democrazia politica e del pluralismo, i valori di libertà e uguaglianza, così come sono stati sanciti all'ultimo Congresso dell'Internazionale socialista. E lo facciamo sulla base dei molteplici e sempre più intensi rapporti politici maturati in questi anni; in quanto consapevole della crescente convergenza programmatica tra il nostro partito e le forze della sinistra europea: e perché interessati alla originale ricerca, teorica e pratica, che si sviluppa al loro interno.

V

Alle origini del movimento operaio si trova stabilito un orizzonte comune con il quale il confronto rimane aperto, per quanti cambiamenti profondi siano sopravvenuti nel mondo umano.

Tale orizzonte fu individuato da Marx e da Engels, nel Manifesto del partito comunista del 1848, quando parlarono della creazione di una «associazione in cui il libero sviluppo di ciascuno è condizione del libero sviluppo di tutti».

Questa prospettiva, nel suo principio libertario, raccoglieva e continua a raccogliere l'eredità delle rivoluzioni liberali e democratiche e si arricchisce, oggi, della più grande rivoluzione non violenta della storia contemporanea: quella delle donne.

Rimanere fedeli a questa prospettiva richiede oggi un profondo rinnovamento, una ridefinizione ideale e progettuale da parte di tutte le tradizioni politiche della sinistra.

Perché infatti non è possibile conservare una posizione di continuità?

1) Perché i tradizionali conflitti che sorgono sul terreno economico, e che sono stati posti al centro della teoria e della pratica del movimento operaio si allargano oggi ad altri campi della vita umana e sociale, si allargano al rapporto tra i sessi, alla comunicazione tra gli uomini, alla scienza e all'uso della scienza, al rapporto uomo-natura.

Anche se queste nuove contraddizioni mantengono una relazione forte con gli antagonismi sul terreno economico e di classe, esse non sono riducibili a quei conflitti e comportano rotture concettuali e di analisi di grande portata rispetto a tutta la tradizione del movimento operaio.

2) Perché, di conseguenza, i problemi e le esigenze dell'umanità che maturano all'interno delle nuove contraddizioni ci spin-

gono oltre i vecchi modelli dell'industrialismo e dunque anche oltre le culture politiche e i progetti che, su quella base storica, erano stati elaborati dalla tradizione socialista e da quella comunista.

Se lo sviluppo economico moderno ha portato al primato del valore di scambio sul valore d'uso e alla riduzione di ogni bene a merce, oggi tale processo incontra i suoi limiti e impone di pensare a un nuovo rapporto tra i due termini.

3) Nella tradizione marxista e nelle diverse esperienze storiche che ne sono scaturite appare inoltre irrisolto il grande tema socialista della riappropriazione della ricchezza sociale.

Decisivo è perciò lavorare a un progetto di democrazia economica, individuando gli strumenti attraverso i quali i lavoratori e i cittadini possano sia godere in forme nuove della ricchezza prodotta, sia partecipare al controllo e alla direzione del processo di accumulazione, dei suoi impieghi, delle finalità verso cui tale processo deve orientarsi.

L'espansione delle grandi concentrazioni multinazionali chiama in causa l'esigenza di originali forme di controllo, regolazione e indirizzo democratico dell'economia a livello sovranazionale.

La sinistra non combatte l'internazionalizzazione dell'economia ma si pone il problema della sua regolazione democratica.

La crescente compenetrazione e concentrazione multinazionale tra strutture industriali, finanziarie, istituzioni culturali, apparati informativi rende cruciale la battaglia per la democratizzazione di questi settori e di questi poteri.

D'altra parte, se si vuole incidere sulla qualità dello sviluppo, si devono indirizzare le forze economiche, la libera iniziativa, verso finalità che vanno oltre quelle perseguibili sulla base della pura logica del profitto, e si deve essere in grado di tutelare beni e interessi collettivi, l'ambiente, il diritto all'informazione e all'occupazione, che non sono tutelati.

Il nuovo partito della sinistra dovrà dunque impegnarsi a costruire, nell'elaborazione e nella prassi, un rapporto nuovo tra la funzione del mercato e l'esigenza di una direzione consapevole della produzione e dello sviluppo sociale.

Condurre il mercato a operare in modo tale da corrispondere a essenziali finalità sociali è un compito decisivo della sinistra e che solo la sinistra può assolvere.

Il problema si presenta capovolto rispetto all'ipotesi che ha guidato il comunismo internazionale: non abolire il mercato per instaurare il socialismo, ma utilizzare e governare il mercato per realizzare, tendenzialmente, una società di liberi e di uguali.

Perciò è oggi centrale un nuovo rapporto tra Stato e mercato.

La direzione consapevole del mercato richiede un controllo sociale, fondato sul consenso e capace di fornire regole, indirizzi, progetti a tutte le forme di attività economica, quella privata, quella pubblica, quella cooperativa.

La democrazia come via del socialismo richiede quindi un forte potere democratico.

Oggi noi affermiamo che è necessaria una grande mobilitazione intellettuale e morale per un nuovo progetto della sinistra, per promuovere una sintesi non solo teorica ma che nasca da un intreccio di ricerche, elaborazioni, prassi.

Non si può pensare a una giustapposizione eclettica di diverse ispirazioni, né al mero ritorno ad altre ideologie, perché tutte le componenti della sinistra devono rinnovarsi per far fronte alle sfide del presente.

Il contatto tra diversi itinerari democratici e di sinistra è fecondo se ha come obiettivo un progetto coerente di trasformazione della società.

La stessa presenza di nuovi soggetti, e di nuovi movimenti – non-violento, ecologico, femminista – anch'essi portatori di originali ipotesi di liberazione umana, richiede un impegno per costruire con essi un progetto coerente e unitario.

Una sinistra che abbia l'ambizione di governare e non soltanto di esprimere spinte diverse e i potenziali di lotta che emergono dalle contraddizioni reali, non può rinunciare né alla differenza e pluralità dei soggetti né all'esigenza di una sintesi della loro carica progettuale.

Noi ci poniamo a disposizione e ci sentiamo parte e promotori di un movimento, di sinistra e democratico, che si proponga di dar vita a un nuovo progetto di trasformazione.

VI

La proposta di dar vita a un nuovo partito della sinistra in Italia, nasce dalla consapevolezza che il Paese si trova di fronte a una stretta drammatica da cui, comunque, uscirà mutato nel profondo.

Il successo della nostra proposta dipende dalla capacità che noi avremo di corrispondere alle necessità nazionali che da quella stretta derivano, dalla capacità di essere percepiti, da parte di un ampio arco di forze, dalle componenti decisive della società italiana, come portatori di una soluzione per i problemi del Paese.

Non ci troviamo più, semplicemente, di fronte a squilibri e storture di un processo di sviluppo.

La situazione del Mezzogiorno non rappresenta ormai solo una «questione».

Essa è al centro della crisi del Paese e rappresenta la massima colpa storica delle classi dirigenti italiane.

La prima grande ambizione del nuovo partito della sinistra deve essere quella di affrontare la situazione del Mezzogiorno.

Così il nuovo partito può reinverare il grande patrimonio teorico e politico ereditato da Gramsci, e rendere attuale il meglio della tradizione riformista e meridionalista italiana, di matrice liberaldemocratica, cattolica, socialista.

La realtà è che oggi un'ampia parte del Paese vede sfaldarsi intorno a sé il sistema democratico, che è sostituito da altri poteri di natura criminale, da un altro regime. Se questa è la situazione in cui versa un terzo dell'Italia, tutto il Paese conosce una corrosione dello stesso patto di cittadinanza.

Questo ci dice, ad esempio, la stessa profonda incrinatura del patto fiscale.

Un sistema fiscale inefficiente e iniquo, che grava tutto sulle spalle dei lavoratori dipendenti, cui corrispondono apparati statali burocratici e servizi sempre più inefficienti, non regge più, e produce a sua volta la rottura del patto di solidarietà tra Nord e Sud del Paese.

È in gioco la stessa coesione nazionale.

Si corrompe nel profondo il rapporto democratico tra governanti e governati, tra amministratori e amministrati, la funzione di rappresentanza si riduce a politica di scambio.

Tutto ciò produce nel corpo della società un grande malessere, un sentimento di stanchezza morale, spirituale.

La frantumazione dei contrasti sociali, la lacerazione del rapporto fra cittadini e istituzioni si riflettono nella coscienza di ciascun individuo.

Mentre pure si diffonde l'aspirazione a rapporti sociali e umani più giusti, solidali, non-violenti, si impongono però i modelli della competizione e persino della sopraffazione, la crescente gerarchizzazione dei rapporti sociali e di lavoro, trionfa la logica del favore, dell'arbitrio su quella del diritto.

E chi non è nel circuito dello scambio, chi non è «forte» sul mercato, rischia di essere emarginato assai più che in passato.

Per tutto ciò parliamo di crisi italiana, morale, sociale, istituzionale. Essa può divenire rapidamente crisi della stessa unità nazionale, collasso di tutti i sistemi di regolazione sociale, anche in rapporto ai processi di internazionalizzazione dell'economia.

Per tutto ciò diciamo che questa crisi è sempre più quella dello Stato, del regime politico democratico.

Il problema cui noi vogliamo rispondere, e che motiva la nostra proposta, è dunque questo: come, oggi, una grande forza della sinistra, quale siamo stati nel corso della storia repubblicana, risponde alla crisi italiana.

Come essa può sfidare oggi quelle classi dirigenti che hanno condotto il Paese nella situazione in cui si trova.

In che modo si può dar vita a quel partito che l'Italia non ha avuto mai: un grande partito riformatore capace di prospettare una credibile alternativa di governo.

È questa una profonda necessità oggettiva.

E l'esigenza, che ne consegue, di una radicale innovazione politica, di cultura politica, da parte nostra, è ormai tra di noi largamente riconosciuta e condivisa.

È a partire di qui che può porsi, anche, il tema cruciale del nostro rapporto con il passato.

La questione non è se, ma come si fa vivere oggi il nostro patrimonio storico.

Esso si difende in un solo modo, ricollocandolo nel presente, rispondendo oggi, come abbiamo saputo fare in passato, alle questioni di fondo della società italiana.

E il problema di oggi è quello del rinnovamento delle classi dirigenti, della rifondazione del sistema democratico e dello Stato.

Il rapporto col passato può essere fecondamente vissuto solo in tal modo.

Essendo capaci di cogliere e valorizzare ciò che è vitale del nostro passato, le grandi risorse che esso ci mette a disposizione, affrontando le sfide che il presente ci lancia e il futuro ci prepara, individuando su questo terreno gli alleati e gli avversari.

La necessità di una propria ricollocazione, del resto, si va facendo strada all'interno di tutte le forze politiche nazionali.

Lo dimostra il teso dibattito interno alla DC, così come quanto avviene nel PSI.

È presto per formulare giudizi in proposito, e non è compito di questa dichiarazione di intenti entrare nel merito del rapporto con le altre forze politiche.

Quel che è certo, però, è che, come noi abbiamo sostenuto, la campana del nuovo inizio suona davvero per tutti.

E che la nostra iniziativa ci ha consentito di non farci sorprendere dagli avvenimenti e di sfidare tutte le altre forze politiche a cambiare.

Questo dobbiamo saper fare oggi, come forza autonoma e unitaria della sinistra, portando le forze che vengono dalla tradizione del movimento operaio e quelle che rappresentano una sinistra nuova, a misurarsi col tema del governo del Paese, del rinnovamento e della trasformazione democratica dell'Italia.

L'Italia ha dunque bisogno di un nuovo partito della sinistra, di una autonoma e originale forza della sinistra, capace di interpretare le esigenze di cambiamento e di trasformazione presenti nella società, di condurre una decisa opposizione alle scelte della attuale classe dirigente, prospettando, contemporaneamente, un'alternativa di governo, e una complessiva riforma, in senso democratico e regionalista, dello Stato.

Una forza della sinistra non può mai separare il momento istituzionale da quello sociale.

È questa la lezione che ci viene da tutta la storia del movimento operaio, dal passaggio dalla fase «economico-corporativa», di autodifesa e autotutela dei diritti e degli interessi dei lavoratori, a quella in cui è maturata la consapevolezza che la difesa di quei diritti e interessi non poteva essere efficacemente perseguita se non attraverso una politica di trasformazione generale della società e dello Stato.

Mantenere ben ferma questa saldatura è tanto più importante oggi, in quanto siamo in presenza di una vera e propria crisi organica dei gruppi dirigenti del Paese.

Siamo consapevoli del declino delle politiche e del programma di stabilizzazione e di contenimento della domanda sociale, con cui le forze capitalistiche hanno inteso, a partire dagli anni 80, combattere l'inflazione.

Sappiamo che la fine di questo ciclo economico, duramente pagato dai settori più deboli delle società, ci pone dinnanzi a una

nuova fase di stretta e di conflitto sociale, e in essa non m
e non mancheranno tentativi di far pagare la crisi di quelle strategie prima di tutto ai lavoratori.

Il problema politico cruciale è oggi quello di un assetto di potere fondato su un intreccio tra partiti, Stato, affari, che domina il Paese, anche attraverso un esteso consenso, un vero e proprio blocco sociale, che sta conducendo il paese a una vera e propria crisi civile.

Tale crisi può aprire la strada a esplicite posizioni di destra.

Solo una forte determinazione nella opposizione, collegata alla prospettiva di una alternativa di governo, può mettere in moto un processo di rinnovamento dall'alto e dal basso, può mobilitare soggetti sociali e determinare nuove alleanze politiche.

Questa esigenza rende necessario un partito che non cerca la scorciatoia per andare al governo, per partecipare all'attuale politica della governabilità senza riforme; ne è utile un partito di mera denuncia.

Un diverso governo dei processi di modernizzazione non lo si può ottenere attraverso programmi, comportamenti e collocazione politica che accettino sostanzialmente i meccanismi esistenti.

Esso richiede un mutamento reale negli equilibri di potere, e programmi di profondo cambiamento.

Senza una svolta profonda nei rapporti di forza, senza la consapevolezza della necessità di un concreto e coerente progetto di alternativa ci sarebbe solo l'umiliazione e la sconfitta della sinistra.

Questo è anche il senso della nostra sfida unitaria al PSI, e della questione, che noi poniamo a quel partito, di un rinnovamento dei suoi programmi e della sua azione politica.

Il dilemma per noi non è dunque tra un inserimento subalterno nell'area di governo e la testimonianza di una nostra alterità. Siamo infatti convinti che la sinistra deve assumersi sino in fondo le sue responsabilità nazionali.

Una nuova sinistra di governo deve riuscire a superare la separazione tra intransigenza ideologica, da un lato, e contrattazione minimalista all'interno dello stato di cose esistenti, dall'altro.

Deve porsi concretamente e politicamente il problema dell'alternativa. Deve riuscire a mobilitare tutte le forze in campo in funzione di questo obiettivo.

È in vista di questo obiettivo storico, e di interesse generale, che il nuovo partito della sinistra intende battersi per una riforma del sistema politico e dello Stato, per una riforma della nostra democrazia.

La crisi della democrazia si affronta solo prendendo atto che torna a proporsi, in termini inediti, la questione del rapporto tra governanti e governati.

L'attuale crisi della democrazia è crisi dei rapporti tra cittadini e istituzioni, crisi di legittimazione democratica della politica.

È una crisi che è strettamente congiunta sia con le degenerazioni proprie del sistema di potere costruito dalla DC e dai suoi alleati, sia con la tendenza a far corrispondere, alla concentrazione del potere economico, la scelta politica e istituzionale di ridurre la complessità sociale attraverso soluzioni elitarie di comando, mettendo così in crisi, e svuotando, tutte le funzioni di rappresentanza, a livello nazionale e locale, nei luoghi produttivi e nello stesso sindacato.

Il programma della sinistra non può che muovere nella direzione opposta. Alla crisi democratica si risponde solo con la riforma e lo sviluppo della democrazia in tutti i settori della società: con la democrazia economica, sindacale e dell'informazione.

La stessa democrazia politica si riduce a un simulacro se non si propone una ridefinizione, e il rispetto, dei principali diritti di cittadinanza, e se non collega il riconoscimento di quei diritti alla rimozione degli ostacoli economici e sociali che li rendono solo formali.

Riformare la democrazia con la democrazia significa valorizzare la molteplicità dei soggetti e dei movimenti politici. Ciò comporta che si riconosca la dignità di soggetti politici a tutti i movimenti che nascono sulla base di grandi questioni (femminile, ecologica, della pace, della solidarietà sociale) e che ci si confronti con loro rispettandone l'autonomia. Centrale è dunque il tema della rappresentanza e l'inveramento della sovranità popolare a tutti i livelli (partiti, sindacati, associazioni).

Decisiva è una riforma dello Stato secondo un disegno generale che, attraverso un sistema di equilibri dei poteri e di autonomie, sappia rispondere insieme alla esigenza di rafforzare i poteri più vicini ai cittadini, a partire dagli enti locali e dal sistema regionale, e di raccordarsi ai processi di costruzione dell'unità politica europea.

In questo senso il nuovo partito della sinistra si pone la questione di un diverso governo del Paese.

Esso è convinto che l'attuale sviluppo della società, se vuole risultare effettivo progresso generale, richiede una nuova concezione del potere, della politica, dell'esercizio del governo, e del suo rapporto con nuove forme di organizzazione della società e della democrazia.

Il vecchio sistema politico e i suoi meccanismi consociativi hanno ormai esaurito la loro funzione propulsiva, producono degenerazione nel rapporto tra governanti e governati, e il decadimento sia della funzione di rappresentanza che di decisione del nostro sistema democratico.

Il nuovo partito della sinistra si mette alle spalle il consociativismo e si propone di aprire la strada alla fase delle alternative programmatiche.

Perciò è necessaria una riforma del sistema politico, anche attraverso la modifica delle leggi elettorali, che consenta ai cittadini di contare di più, di scegliere effettivamente programmi e governi.

VIII

La riforma della politica è innanzitutto il passaggio dal primato degli schieramenti a quello dei programmi.

È il programma che dà sostanza e determina l'alleanza riformatrice, sia sul piano dei rapporti sociali che su quello dei rapporti politici.

La nuova alleanza riformatrice non può dunque consistere in una sommatoria di bisogni e di interessi corporativi, ma in un progetto di diverso sviluppo economico e civile nel quale si riconosca un ampio arco di forze sociali.

In tal modo la discontinuità e la rottura nei confronti dell'esperienza consociativa non si risolve in una linea di riformismo moderato.

Noi parliamo di riformismo forte.

Questo significa non attendere il ripristino di condizioni favorevoli per attuare le riforme redistributive, ma puntare a cambiare la qualità dello sviluppo e della distribuzione della ricchezza e del potere.

Sul piano del metodo significa non pretendere di modellare l'insieme della società secondo una rigida pianificazione, ma puntare a intervenire sulle contraddizioni di fondo dell'attuale sviluppo con proposte e strumenti anche parziali ma capaci di innescare reazioni a catena, in grado, così, di produrre non semplici aggiustamenti ma incisive trasformazioni.

Una strategia riformatrice che punta a costruire una nuova alleanza riformatrice implica il riconoscimento della soggettività e della autonoma cultura politica dei diversi soggetti sociali interessati a un progetto comune. Paradigmatica è, in tal senso, la crescita della forza politica femminile e il rapporto con essa.

Il nuovo partito della sinistra ha come punto di riferimento sociale fondamentale i lavoratori: per questo esso vuole essere, prima di tutto, il partito dei lavoratori italiani.

Le grandi novità del presente impongono un salto di qualità nel nostro riferimento ideale e nel nostro legame sociale con i lavoratori.

La stessa lotta contro lo sfruttamento si presenta oggi come lotta non solo per salari più adeguati e diverse condizioni di lavoro, ma per il riconoscimento dei diritti, dell'autonomia del lavoratore, impegno per fare dell'impresa il luogo di espressione della creatività di tutti i soggetti che in essa operano, lotta per l'estensione del potere di decisione e di controllo dei lavoratori sul prodotto del loro lavoro, per la democrazia economica, per l'allargamento della democrazia a tutte le sfere della vita sociale.

Avendo dunque come punto di riferimento sociale fondamentale i lavoratori e il mondo del lavoro, il nuovo partito della sinistra intende definire un programma di governo in grado di dare risposta ai bisogni essenziali di tutti i cittadini.

Il programma di un nuovo partito della sinistra non può non avere al centro una nuova proposta per le politiche sociali.

Essa deve muoversi nella prospettiva del passaggio dal Welfare State alla Welfare society.

A partire da una riflessione critica sugli apparati burocratici di Stato, si devono ricercare nuove forme di intervento sociale, decentrate e flessibili, ma anche più aperte alla combinazione di pubblico e privato, al privato sociale e al volontariato.

Occorre andare decisamente oltre un generico solidarismo.

Uguaglianza e libertà devono potenziarsi reciprocamente all'interno dei programmi e di una politica sociale moderna e di sinistra.

Ciò comporta l'affermazione del diritto di ogni cittadino ad una serie di prestazioni e servizi sociali. Ogni cittadino deve avere la certezza di far parte di una collettività che non l'abbandonerà in caso di bisogno, e che il suo futuro non dipenderà dalle origini familiari e sociali.

Si profila così una visione dell'uguaglianza e delle pari opportunità che non comporta negazione del pluralismo, delle individualità e delle differenze di sesso, di età e di etnia.

L'ideale dell'uguaglianza, strettamente collegato alla libertà, si deve esprimere in una società tollerante e comprensiva che non pretende di annullare le inclinazioni naturali e le differenze, ma pone il problema delle reali possibilità di ciascuno di realizzare se stesso.

Il nuovo partito della sinistra dovrà dare dunque priorità a programmi sociali capaci di favorire la libertà di scelta e l'autorealizzazione dell'individuo: programmi di formazione, inserimento professionale, redistribuzione dei periodi di lavoro nel corso della vita, flessibilità dei tempi e degli orari, prevenzione della malattia e tutela della salute, partecipazione civile e culturale.

Il processo che muove verso una società di liberi e di eguali, nel riconoscimento delle diversità, è quello in cui è garantito il diritto al lavoro e al reddito, attraverso una equa ripartizione del lavoro a livello societario, e la garanzia della sicurezza del reddito di base.

Una nuova politica della sinistra nei confronti della famiglia dovrà muovere oltre il «familismo asociale» e l'assistenzialismo burocratico di Stato, e dovrà rispondere positivamente all'esigenza del riconoscimento del valore sociale del lavoro di cura.

La piattaforma programmatica del nuovo partito della sinistra dovrà assumere la crescita della soggettività femminile, e la sua autonoma critica all'attuale organizzazione sociale, che pone il tema di una radicale trasformazione del rapporto fra produzione e riproduzione.

Essa non potrà non collocare al suo centro una strategia di ristrutturazione ecologica dell'economia.

Il nuovo partito della sinistra ha l'ambizione di mettere in moto e di raccogliere intorno a sé quelle donne e quegli uomini che vivono l'esigenza di nuovi rapporti sociali fondati sull'idea della liberazione effettiva di tutti gli uomini.

Esso vuol dar voce a quella spinta e a quella speranza per una democrazia più coerente con gli ideali di libertà, di giustizia, di solidarietà.

Su questa base il nuovo partito della sinistra vuole dar vita a una elaborazione programmatica, a un progetto, che non può essere di un solo partito ma al quale intendiamo concorrere, per una nuova fase di sviluppo democratico e civile dell'Italia.

IX

La natura e le caratteristiche organizzative del nuovo partito dovranno essere elaborate e decise dal prossimo congresso.

La stessa concezione del partito non può non tener conto, criticamente, dell'esperienza generale dei partiti, dei loro rapporti con la società, dei metodi e sistemi di selezione e formazione dei quadri e dei gruppi dirigenti.

Non potrà non avere come punto di riferimento critico il tema centrale della riforma della politica.

Gli obiettivi di un progetto di trasformazione profonda della società ci collocano in una posizione radicalmente diversa rispetto a quella dei cosiddetti partiti leggeri.

Rimane permanentemente aperto, in questa prospettiva, il tema della costruzione della autonomia ideale e politica delle classi subalterne e dei lavoratori in tutte le loro articolazioni.

Ciò comporta oggi una critica di fondo alla separatezza degli apparati, alla subalternità, alla manipolazione delle culture e degli stili di vita da parte dei mezzi di informazione, all'illusione che sia possibile delegare i legami di massa di un partito alla mediazione del sistema informativo e in funzione del momento elettorale.

La permanente riorganizzazione dell'autonomia ideale e politica dei lavoratori viene garantita dalla capacità del partito di rendere questi effettivamente partecipi e protagonisti della riforma intellettuale e morale della società. Dalla capacità, cioè, di essere un partito di massa dei lavoratori, non di elites che progettano nel nome dei lavoratori.

Solo una partecipazione militante, e non una coscienza ideo-

228

logica portata dall'esterno, solo un rapporto continuo e fecondo con i movimenti e con l'organizzarsi della società civile possono garantire tale autonomia.

Un tale partito non può che assumere il principio del limite della politica. Limite rispetto alla pretesa di rappresentare la coscienza ideale di ogni iscritto; limite dinnanzi all'emergere di nuove soggettività nella società civile, cui vanno riconosciuti spazi, mezzi, funzioni; limite rispetto al rapporto con le istituzioni.

Il partito diventa effettivamente, non retoricamente, intellettuale collettivo, se la sua esperienza politica lo spinge a promuovere una grande mobilitazione intellettuale e morale delle migliori energie del Paese.

Le idealità, i valori e i princìpi che sono stati storicamente elaborati dal movimento operaio possono dar vita a una nuova classe dirigente solo stabilendo un rapporto fecondo con l'insieme della elaborazione democratica della sinistra italiana e mondiale.

Solidarietà, cooperazione, aspirazione a un lavoro più libero e umanizzato, giustizia, non violenza, differenza sono valori che devono essere costantemente verificati in un rapporto di coerenza con il progetto fondamentale e con la prassi.

Il nuovo partito della sinistra porta dentro di sé la differenza non come devianza, non come idea di scissione e frantumazione, ma come momento fecondo e attivo della costruzione dell'unità.

Questa esigenza, che corrisponde a una rottura di fondo con le vecchie concezioni della presa del potere, del partito e dello Stato, non si può più esprimere nemmeno nella forma del «partito di massa di tipo nuovo» retto con il sistema del centralismo democratico.

Il superamento del centralismo democratico rappresenta la più netta discontinuità non solo con la tradizione del comunismo internazionale, ma anche con quella del comunismo italiano.

Questa sola discontinuità è di per sé sufficiente a trasformare radicalmente il partito comunista, per come esso si è storicamente determinato.

Il rapporto tra idealità fondamentali e programmi non riduce certo il partito a strumento empirico, agnostico, privo di idealità e finalità a cui richiamarsi.

Ma la validità e verifica delle finalità e delle idealità, della coerenza con esse di scelte e programmi, non è più affidata a un gruppo dirigente detentore unico degli strumenti della loro definizione, della loro difesa e della loro stessa revisione.

La presenza esplicita, legittimamente organizzata, di diverse componenti, garantisce dalla ossificazione ideologica, e soprattutto, dall'uso dell'ideologia come permanente giustificazione delle politiche dei gruppi dirigenti.

Solo in questo quadro può oggi inverarsi l'idea gramsciana dell'intellettuale collettivo: che è per davvero intellettuale se possiede, a livello di massa, gli strumenti di conoscenza e di informazione che gli consentano un rapporto critico con la realtà, ed è collettivo se non fa della diversità motivo di divisione ma di ricerca effettiva dell'unità.

L'esperienza democratica e collettiva, e non la disciplina imposta dal quadro dirigente, può, sola, decidere del giusto rapporto tra discussione, responsabilità e capacità di azione unitaria.

La coscienza del valore della differenza rende ancora più impegnativo il progetto di una unità nella diversità soprattutto se essa si trasformerà in una nuova ricchezza culturale e morale, in una articolazione che è contatto fecondo tra idee, itinerari e correnti culturali diverse.

Un partito fondato sulle differenze, innanzitutto su quella tra uomini e donne, richiede che ciascuno assuma la propria «parzialità», accetti l'inevitabile conflitto che ne deriva, e concorra a definire le regole e le forme perché tale conflitto sia produttivo di conoscenza, di crescita, di reciproca libertà.

Il partito dovrà essere però unitario sul terreno della rappresentanza, dell'azione e della direzione politica. E questo implica l'accettazione piena del principio di maggioranza cui corrisponde la possibilità del mutamento delle maggioranze stesse.

Accettare questo principio è indispensabile a dare fondamento alla responsabilità di un gruppo dirigente verso il partito, verso l'elettorato, verso il Paese.

Un nuovo partito della sinistra che si candida al governo del Paese deve infatti dimostrare di saper governare innanzitutto se stesso.

Nel nuovo partito occorre portare, arricchendolo e superandolo, tutto il valore storico della nostra esperienza, della nostra capacità di revisione di comunisti italiani.

La trasformazione radicale e l'assunzione critica del nostro grande passato sono all'origine della fondazione del nuovo partito.

Il nuovo partito, la cui nascita sarà decisa dal prossimo congresso del PCI, e quindi dai comunisti italiani, si aprirà subito, attraverso la libera scelta di articolazioni interne sul terreno delle piattaforme programmatiche, alla presenza e alla partecipazione di forze esterne, provenienti dalla tradizione laica, democratica e di ispirazione socialista e a settori del mondo cattolico nella cui concreta esperienza è maturata una autonoma riflessione e azione critica nei confronti dell'individualismo capitalista e del collettivismo burocratico.

A questo proposito auspichiamo che la presenza e l'apporto di uomini e donne cattolici o di altre religioni, nel nuovo partito della sinistra, sia più ampia e riconosciuta.

Ciò deve avvenire sulla base di una concezione e di una definizione interamente laica della politica: cioè sulla base di una convergenza su valori e ideali costitutivi della formazione politica, sulla base di programmi e obiettivi condivisi.

Una concezione interamente laica della politica e quindi, come si è detto, consapevole dei limiti della politica stessa riconosce pienamente il significato autonomo, l'importanza insopprimibile, il valore irriducibile della ricerca, della coscienza e della esperienza religiosa.

Il nuovo partito si apre dunque al concorso di diverse componenti ideali e politiche, che, già da adesso, possono condurre una propria ricerca ed elaborazione in vista della loro partecipazione alla fondazione della nuova formazione politica.

Ma soprattutto, il nuovo partito, dovrà interpellare, risvegliare nuova fiducia, divenire punto di riferimento dell'esperienza pratica e dell'apporto ideale di una nuova generazione, di tutti quei giovani che aspirano a una società più giusta e sono critici verso l'attuale sistema dei partiti. Noi vogliamo chiamarli con le loro idee e le loro speranze per il futuro, a costruire una nuova forza politica.

Il nuovo partito acquisisce la concezione fondamentale che è propria dell'attuale Statuto del PCI, del partito come «organizzazione non ideologica: alla quale aderiscono, indipendentemente dalle convinzioni filosofiche e religiose, coloro che concordano con le finalità indicate, e con i programmi politici via via proposti per conseguirle».

Tuttavia una partecipazione effettivamente solidale alla formazione del nuovo partito comporta che gli itinerari diversi che giungeranno a dar vita a una nuova formazione politica entrino in un rapporto di positivo riconoscimento dei valori e dei bisogni che si sono storicamente inscritti nell'orizzonte ideale del comunismo italiano, e della sua ispirazione democratica.

Si tratta di quelle idealità comuniste, contraddette dalla esperienza storica del comunismo internazionale, che si riferiscono all'idea di liberazione e di società liberata, alla critica della supremazia della produzione di merci su ogni altro aspetto della vita e attività sociale, al progetto di una reale umanizzazione dei bisogni dell'uomo, che sviluppano la critica del lavoro e del consumo alienati e dello Stato come macchina separata.

Il primo articolo dello Statuto del nuovo partito dovrà rendere esplicita la pluralità delle ispirazioni democratiche e di sinistra che concorrono alla sua formazione.

E in esso chiaro ed esplicito dovrà essere il riferimento alla funzione storica e fondativa dei comunisti italiani.

Tale funzione non può essere cancellata né nascosta perché, a differenza di quanto è avvenuto per altri partiti dell'Est europeo, noi abbiamo alle spalle un passato del quale – malgrado gli errori da noi stessi denunciati – andiamo fieri, e perché la nostra non è una resa agli attacchi esterni, o alle convenienze, ma una scelta autonoma.

È, in realtà, il PCI che si fa promotore di una nuova formazione politica, sospinto dalle grandi novità oggettive e soggettive che si sono prodotte nel corso di un lungo processo di revisione, e che oggi, di fronte alla mutata realtà mondiale e alla fine del movimento comunista internazionale, giungono a produrre la necessità di una ricollocazione, di un salto di qualità che assuma e trasformi la parte migliore della tradizione del comunismo italiano.

Le profonde trasformazioni concettuali e analitiche rese necessarie dalla crisi dei modelli dell'industrialismo classico che hanno improntato l'azione del movimento operaio, l'emergere di nuovi soggetti e di nuove contraddizioni planetarie, la rottura definitiva con una teoria della organizzazione della società che ha fatto fallimento, la proposta di una «forma-partito» radicalmente diversa da quella tradizionale dei partiti comunisti, richiedono d'altra parte una apertura e una rinnovata ricerca in collegamento con le diverse matrici ideali, con le differenti ispirazioni della sinistra.

232

Un nuovo partito e un nuovo nome si pongono come conclusione coerente di tutta una elaborazione, e come inizio di una elaborazione nuova.

Spetta a tutti noi assumere questa scelta non come una sconfitta ma come un atto fecondo e vitale.

Questo è il messaggio che deve giungere alla società italiana, se vogliamo, per davvero, creare le condizioni di una alternativa all'attuale stato di cose.

X

Propongo, dunque, che il Partito comunista italiano, al XX Congresso, promuova e sancisca la creazione di un nuovo partito.

Propongo che il nome del nuovo partito scaturisca dalle due grandi idee che definiscono le fondamentali coordinate delle forze di rinnovamento su scala mondiale.

L'idea della democrazia come via del socialismo.

L'idea di una sinistra rinnovata; di una sinistra che, in Italia, si impegna a lavorare per condurre, senza disperderle, a una sintesi più alta le idealità e le esperienze del comunismo italiano, del riformismo liberale e socialista, del cattolicesimo sociale e democratico; di una sinistra che si apre al confronto con tutte le correnti e le forze di rinnovamento mondiali e che intende così concorrere alla realizzazione del grande progetto della liberazione umana.

Propongo quindi che il nome del nuovo partito sia:

Partito Democratico della Sinistra.

Il nuovo simbolo dovrà rappresentare il grande e robusto albero della sinistra, un albero antico che può diventare sempre più forte solo se accanto alle radici più profonde crescono, per alimentarlo, sempre nuovi radici.

Con questo simbolo vogliamo anche dire che nella grande pianta della sinistra nessuna radice deve essere tagliata, e che, nella comune esperienza del socialismo italiano, nessuna tradizione deve essere annullata e umiliata.

L'albero è un simbolo generale ben piantato nella tradizione della sinistra.

L'albero della libertà accompagnò la Rivoluzione Francese e fu piantato ovunque, in tutte le piazze dei Paesi d'Europa.

Alle radici dell'albero è raffigurato, in evidenza, l'attuale simbolo del PCI: le due bandiere sovrapposte, la falce, il martello e la stella.

Questo nuovo simbolo vuole, anche in questo modo, raffigurare accanto agli antichi strumenti del lavoro, che rappresentano la funzione storica del movimento operaio, la dimensione che assume nel nostro impegno il rapporto con la natura, l'obiettivo, cioè, di una umanità pacificata con sé e con l'insieme del mondo naturale.

Quel verde che si unisce al rosso ci consegna quindi un messaggio di vita, di speranza e di lotta per il futuro.

Si riassume così, in forme nuove, il grande obiettivo per il quale ci battiamo: il socialismo.

SI PARLA DI...

Adornato Ferdinando
Amato Giuliano
Amendola Giorgio
Andrej
Andreotti Giulio
Arafat
Ariemma Iginio
Aristotele
Aureliana

Badoglio
Baget Bozzo Gianni
Balbo Ciccino
comandante Barbato
Barbera Augusto
Baricco Alessandro
Bassolino Antonio
Berlinguer Enrico
Berlinguer Luigi
Berlusconi Silvio
Bernstein Eduard
Bertinotti
Bertoloni Meli Nino
Berzejev
Bianchi Luigi
Bloch Marc
Bobbio Norberto
Bocca Giorgio
Bossi Umberto
Brandt Willy
Brežnev Leonid
Brutland
Bufalini Paolo

Cacciari Massimo
Cagliari
Calvino Italo
Carneade
Carraro Franco
Catalano Gregorio
Cather Willa
Ceci Vincenzo e Marinetta
Čecov
Cencelli
Chauchat
Chiaromonte Gerardo
Ciampi Carlo Azeglio
Clinton Bill
Colajanni Luigi
Colombo Cristoforo
Colombo Gherardo
Cossiga Francesco
Cossutta Armando
Craxi Bettino
Crisippo
Crusoe Robinson
Curzi Sandro

D'Alema Massimo
De Angelis Massimo
Delors Jacques
De Martino Francesco
De Mita Ciriaco
Didone
Diogene
Di Pietro Antonio
Dostoevskij Fëdor

Eco Umberto
Edward
Einaudi
Eltsin
Enea
Enrico

Farini Giancarlo
Fassino Piero
Fini Gianfranco
Foa Vittorio
Forlani Arnaldo
Frasca Polara Giorgio
Fredda Marco
Fredda Stefania

Gardini
Ghino di Tacco
Ghitti
Gianna
Giap
Ginzburg Natalia
Giolitti Antonio
Gioia
Giorgio
Giubilo Pietro
Giuda
Giulio Romano
Glotz
Goethe Wolfgang
Gonzalez Felipe
Gorbaciov Mikhail
Gramsci Antonio
Gusdorf Georges

Ho Chi Minh
Hussein Saddam

Iachini Mario
Ingrao Pietro
Iotti Nilde
Isabella
Issione

Jacoviello Alberto
Jim della Canapa

Kasbulatov
Kierkegaard Sören

Kinnock Neil
Krusciov Nikita
Kutuzov

Lama Luciano
Lasker
Leiss Alberto
Lenin
Leopardi Giacomo
Lewis Roy
Ligaciov
Longo Luigi
Luciana
Lucilio
Luigi
Luxemburg Rosa

Macaluso Emanuele
Mann Thomas
Marta
Martinazzoli Mino
Marx Karl
Maurensig Paolo
Mauroy Pierre
Minzolini Augusto
Mitterrand François
Montaigne
Montalbán
Montanelli Indro
Mussi Fabio
Mussolini Alessandra

Naphta
Napoleone
Napolitano Giorgio
Natta Alessandro
la Nube

Occhetto Adolfo
Occhetto Franco
Occhetto Malcolm
Occhetto Massimiliano
Occhetto Tita
Orlando Leoluca
Ottolenghi Franco

Pajetta Giancarlo
Palme Olof
Pannella

INDICE GENERALE

APPENDICE

I PRIMI DOCUMENTI DELLA SVOLTA

Finito di stampare nel mese di agosto 1994
presso il Nuovo Istituto Italiano d'Arti Grafiche
Bergamo

Printed in Italy